tableau noir

Ouvrage dirigé par Jean-Claude Gawsewitch

Département de Hugo et Cie
38, rue La Condamine, 75017 Paris
www.hugoetcie.fr

ISBN : 9782755617122
Dépôt légal : septembre 2014
Imprimé en France par Corlet

Jean-Paul Brighelli

tableau noir

Hugo Doc

À Lise, à Pierre et à Fabienne,
À tous ceux qui sont morts à l'école,
et pour l'école…

Aux enseignants qui craquent, aux parents qui s'interrogent, aux grands-parents qui s'atterrent…

Aux élèves bafoués par des programmes déments et des directives folles…

À celles et ceux qui croient encore en l'École de la République,
Qui espèrent toujours, et qui se désespèrent…

À Luc Chatel, pour son amour des enseignants,
À Vincent Peillon, pour sa réforme des rythmes scolaires,
À Benoît Hamon, pour son je-ne-sais-quoi…

Je dédie ce livre.

« L'Histoire dira que le plus grand échec
de François Hollande ne fut ni le secteur
économique ni le secteur social,
mais celui dont il avait à juste titre proclamé
la priorité : l'Éducation nationale. »

Jacques Julliard, « Pour en finir avec le bac »,
in *Marianne* n°895, 13-19 juin 2014

PRÉAMBULE

Au début des années 1980, au tournant de la rigueur, un énarque mal classé et muté par conséquent au ministère de l'Éducation, rue de Grenelle, s'avisa que les cours, en France, étaient dispensés en français. « Bon sang, mais c'est bien sûr ! s'exclama-t-il. Les maths, c'est du français. L'Histoire, c'est du français. Considérons donc qu'en une heure de maths on fait aussi un quart d'heure de français, calculons la somme de ces quarts d'heure et retranchons notre total du nombre d'heures de… français. Cela nous permettra d'inonder les programmes du primaire de directives pédagogiques imbéciles. Et au passage, nous économiserons, au collège, quelques milliers de postes de profs de lettres, en allégeant des emplois du temps trop copieux… »

C'est ainsi que les élèves français d'aujourd'hui font, dans leur cursus, quelques centaines d'heures de français de moins que leurs homologues des années 1960-1970. Ultérieurement, on s'avisa que si le système fonctionnait avec moins de français, il fonctionnerait tout aussi bien avec moins de maths, moins d'Histoire, moins…

Mais c'est surtout sur la langue que s'acharnèrent les comptables. Dans ces restrictions accumulées on pouvait lire la haine de la culture – on méprise assez aisément ce que l'on ne connaît pas, et pour ne rien savoir, rue de Grenelle, ils sont imbattables –, et *in fine* la haine de la France et des Français, camouflée sous un projet européen fumeux.

Broutilles ? Voire…

La question de la langue est au centre des problèmes de l'école. Même les pires partisans du laisser-faire conviennent aujourd'hui que l'apprentissage de notre langue n'est pas vraiment satisfaisant, que la compréhension s'effrite, que l'orthographe se délite. L'écriture se fait phonétique, la lecture ânonne. Au milieu des années 2000, pour camoufler ce désastre, on suggéra même aux profs de français de s'abstenir de faire lire leurs élèves à voix haute en classe, afin de ne pas les humilier. C'était le début d'une pratique désormais régulière, qui consiste à casser les thermomètres pour éviter de penser que le malade a la fièvre. Une politique de Shadoks. « S'il n'y a pas de solution, c'est qu'il n'y a pas de problème. »

J'avais sous-titré *La fabrique du crétin* « la mort programmée de l'école ». Je préférais encore, à l'époque, me résoudre à une petite paranoïa du complot qu'à accepter la réalité : ce sont de purs arguments quantitatifs qui ont présidé, et président encore, à la destruction de ce qui fut, jadis, l'un des meilleurs systèmes scolaires au monde. Nul besoin d'imaginer un grand manitou cynique, un pédagogue fou, qui aurait calculé comment en finir avec la transmission raisonnée des savoirs. Pour anéantir une grande idée, confiez-la à un petit comptable.

Pourtant, tout tient à la langue. Notre culture, et notre pays. Ce que nous fûmes, ce que nous sommes. Notre morale et notre vertu. « Les fondateurs de l'école républicaine, qui avaient lu Condorcet, savaient que l'école ne doit pas inculquer des *valeurs citoyennes*, mais transmettre des savoirs qui émancipent les individus. C'est en lisant Montaigne qu'on devient antiraciste, en lisant Tacite et Thucydide qu'on comprend les valeurs de la République et de la démocratie, en lisant Corneille qu'on aime la vertu, en lisant Plutarque qu'on connaît le pouvoir et qu'on déteste les abus », dit Natacha Polony dans un livre récent[1]. La « morale laïque » ne se décrète pas, elle s'apprend. Par infusion

---

1 *Ce pays qu'on abat*, Plon, juin 2014.

et transfusion. Par imprégnation. Pas par le déversement d'un tombereau d'idées politiquement correctes. C'est même tout le contraire. Le souci du politiquement correct est né de la raréfaction de la culture, parce qu'elle a engendré une baisse significative de la décence intellectuelle, et de la morale commune. « L'ignorance est une force », dit le totalitarisme orwellien. Jean-Claude Michéa a écrit sur la question quelques essais définitifs.

Les partisans de l'immédiateté des savoirs, les contempteurs[2] de la culture, ceux qui croient sincèrement que la maîtrise de l'outil informatique est préférable à la lecture de Montesquieu ou de Madame de Lafayette, finissent eux-mêmes par comprendre, en lisant les mails illisibles de leurs nouvelles recrues, en écoutant leurs discours truffés d'anglicismes et de gloubi-boulga, qu'il y a un problème. Il n'est pas exagéré de dire qu'une civilisation tient à la maîtrise de sa langue ; que connaître Flaubert ou savoir accorder l'adjectif avec le nom, c'est la même chose ; qu'à abandonner la grammaire (*gramma*, en grec, c'est justement la langue), nous nous abandonnons nous-mêmes. Ce n'est pas un complot, c'est un sabotage organisé par des gagne-petit. À ceci près qu'ils savent très bien inscrire leurs enfants dans les bons établissements. Les vrais héritiers, les vrais initiés, ce sont les initiateurs de la pédadémagogie.

Dans son programme de 2012, François Bayrou préconisait que 50% des heures de cours, en primaire, soient consacrées désormais à l'apprentissage de la langue. C'est un minimum, et à ce jour, cela reste un vœu pieux. Toute « refondation » de l'école, comme disait Vincent Peillon, aurait dû commencer par une réfection des programmes – sur quatre jours et demi

2 « Contempteurs »… Peut-être devrais-je faire comme au bac, où désormais les textes proposés à la sagacité des élèves sont suivis d'une kyrielle de notes visant à expliquer le vocabulaire – parfois le plus élémentaire – de passages littéraires vécus désormais comme des documents rédigés dans une langue étrangère. Tout comme les éditeurs récrivent les classiques de la littérature de jeunesse en supprimant tous les termes susceptibles de heurter l'ignorance des enfants : autre façon de casser le thermomètre. Mais quitte à me brouiller d'emblée avec les moins de trente ans, je continuerai à faire confiance à mon lecteur.

de *cours* au primaire – qui aurait mis l'apprentissage rigoureux et systématique de la langue, et de ceux qui la parlèrent le mieux, au cœur du système. On en est loin. Tout ce dont cette « refondation » a accouché, c'est d'une modification superficielle, et qui dans les faits n'est pas passée, des « rythmes scolaires ». Comme si les chrono-biologistes possédaient seuls les clés de la réussite ! Il fallait enseigner la syntaxe, on apprendra le macramé.

J'ai rencontré Vincent Peillon en février 2012 – à ma demande. Je voulais lui communiquer quelques idées sur la meilleure manière d'aller chercher de nouvelles élites partout où elles se dessinent, dans le vivier des « bons élèves », où qu'ils se trouvent. Comment monter chacun au plus haut de ses capacités.

Installés au *Rostand*, face au jardin du Luxembourg – l'une de ses cantines favorites –, nous avons parlé de l'École qu'il s'apprêtait à diriger, en cas de victoire de François Hollande. Ou plutôt, nous avons tenté d'en parler : j'avais face à moi un homme souriant, mais au regard curieusement lointain, qui passait à travers son interlocuteur, tout fixé qu'il était sur des convictions inébranlables. Il n'est pire sourd…

Nous nous sommes séparés poliment.

On attendait un pragmatique à la tête du ministère de la rue de Grenelle, on a eu un idéologue. Et des militants au lieu d'avoir des praticiens. Vincent Peillon est un croyant. Benoît Hamon en est un autre, même si, de l'école, il ne connaît rien. Leurs conseillers sont de la même farine. Les grandes centrales syndicales qui les inspirent, pas mieux. D'enseignants réels là-dedans, pas de nouvelles. Les commissions nouvellement installées (oh, pour les commissions, ils sont imbattables !) ne comptent aucun enseignant de terrain.

À vrai dire, leurs prédécesseurs évitaient tout aussi soigneusement d'aller dans les établissements (ou alors, avec tambours et trompettes, le temps de déguiser un collège de banlieue en village Potemkine), et d'y rencontrer celles et ceux qui font l'école au jour le jour. L'autisme serait-il la qualité première des politiques ?

J'ai un peu approché Xavier Darcos, durant son court séjour rue de Grenelle. Je l'ai supplié dix fois de faire comme le calife Haroun Al Rashid, qui dans *Les 1001 nuits* descend incognito dans Bagdad pour prendre le pouls de sa capitale. Des raisons de sécurité (les mêmes qui amenaient à la même époque Nicolas Sarkozy à se déplacer en province avec un glacis de 200 mètres de solitude autour de lui – qu'en aurait pensé de Gaulle ?), d'emploi du temps et d'organisation étaient invoquées. Le drame des ministres, à l'Éducation et ailleurs, c'est de ne percevoir la réalité qu'à travers ce que leur racontent leurs conseillers, qui pour la plupart ne quittent pas eux-mêmes les bureaux. Ça poisse un peu, la réalité. Autisme, disais-je... Aveuglement aussi. Impuissance acceptée.

Et, parfois, démantèlement délibéré. Depuis le Protocole de Lisbonne, dont je parlerai plus loin, les politiques éducatives européennes se sont alignées sur le plus petit dénominateur commun. Des « compétences » plutôt que des savoirs. Fabrication d'une main-d'œuvre taillable et corvéable à merci. Quelques élites que, pour plus de commodité, on ira chercher chez les enfants des élites. L'ascenseur social, qui dans les années 1960 dépassait rarement le second étage – après, il fallait prendre l'escalier –, est définitivement cloué au sous-sol.

Ce livre raconte deux ans de sabotage – ou, si l'on préfère, de socialisme appliqué à l'École et à l'Université. Un socialisme dans lequel, comme nous le savons, il n'y a rien de socialiste. Cela fait longtemps d'ailleurs que l'étiquette est employée, et la tromperie sur la marchandise évidente. De Lionel Jospin à François Fillon, qui a vu des écarts ? De Luc Chatel à Benoît Hamon, qui saisit les différences ? Droite ou gauche sont les deux noms du même produit périmé. Des qualificatifs incantatoires. Qui y croit encore ? UMPS, se moquent certains. Ce n'est pas faux.

Depuis trente ans, l'École a payé les pots cassés des systèmes pédagogiques les plus étranges, des convictions libérales les plus débridées, des étiquettes politiques les plus stériles. Et d'un européanisme qui a dégénéré en mépris de la France. Carton plein.

Ceux qui paient, en fait, ce sont les élèves, nos enfants, toujours plus désemparés à la sortie d'un système scolaire qui devrait leur permettre d'aller au plus haut de leurs capacités, et qui, sous prétexte d'aider les plus défavorisés, égalise tout le monde au plus bas. On a touché le fond, mais on creuse encore.

Tout le monde ? Non : un petit pourcentage d'héritiers résiste encore et toujours aux méthodes de lecture aberrantes, au collège unique, au « nouveau lycée », au bac distribué en pochette sans surprise, aux cursus universitaires couperets. Bref, à la mise à mal de la transmission du savoir et à l'incapacité du système à préparer aux défis du présent, pour ne pas parler du futur. Et pour arranger les choses, cette petite poignée d'irréductibles bons élèves, on tente de les culpabiliser.

Je ne me suis pas fait enseignant pour quelques-uns, mais pour tous. Aucun enseignant ne travaille pour une poignée d'initiés. Sauf que nous y sommes tous contraints.

Un dernier mot avant d'entrer dans le vif du sujet. Ce qui suit est une reprise, souvent modifiée (se relire est un exercice d'humilité) de chroniques parues sur mes deux blogs, sur LePoint.fr et Causeur.fr. « Tableau noir », et « Bonnetdane ». J'ai choisi le premier comme titre de cet ouvrage pour ne pas avoir l'air d'être un père fouettard. Même si la tentation de coller au piquet, et les mains sur la tête, les crétins grenelliens qui se sont si bien employés à détruire la machine, me démange parfois.

POUR LA PEAU D'UN PROF

Cela n'a pas bien commencé. Et ça ne s'est pas arrangé par la suite. Comme aurait dit Shakespeare, l'École est une histoire pleine de bruit et de fureur (ô combien – le bruit surtout !), organisée par des crétins, et dépourvue de sens – de sens commun, au moins.

En ce mardi matin 3 septembre 2013, la presse sort son marronnier de début septembre, et bruit de rumeurs de rentrée. Sur BFM TV, derrière la fumée du troisième café de la journée, je regarde vaguement les sourires heureux ou légèrement anxieux de bambins sur le chemin de l'école. Routine. Tout comme hier l'inutile cérémonie de la pré-rentrée. Gestes obligés de signification étroite.

Soudain, en tout petit, tout au bas de l'écran, dans le flot des nouvelles tombées des téléscripteurs, l'annonce du suicide d'un prof de technologie (STI2D, comme on dit dans le jargon de l'Éducation nationale) qui a préféré en finir plutôt que de participer encore une fois de plus, une année de plus, à cette grande mascarade qu'est devenue l'École de la République. Il n'y aura pas de pré-rentrée pour lui.

Avant de mettre fin à ses jours, Pierre Jacque s'est fendu d'une longue lettre à ses camarades du SNES, expliquant les raisons pédagogiques de son geste. Je préfère ne pas penser à l'angoisse de ses collègues du SNES qui ont reçu ce mail et se sont précipités – trop tard : je les salue, parce qu'ils ont exemplairement réagi en mettant en ligne ce courrier désespéré et désespérant :

« Le 1 septembre 2013

De Pierre JACQUE Enseignant d'électronique

Objet : Évolution du métier d'enseignant.

À ma famille, à mes proches et à tous ceux que mon témoignage intéressera.

« Je vous fais part de ma décision de ne pas faire la rentrée scolaire 2013. En effet, le métier tel qu'il est devenu au moins dans ma spécialité ne m'est plus acceptable en conscience.

« Pour éclairer ma décision, je vous décris succinctement mon parcours personnel. Je suis devenu ingénieur en électronique en 1982 à l'âge de 24 ans. Ma formation initiale et surtout mon parcours professionnel m'ont amené à exercer dans la double compétence "hard" et "soft". Le métier prenant et difficile m'a toujours convenu tant que j'avais le sentiment de faire œuvre utile et d'être légitime dans mon travail. Passé la quarantaine, la sollicitation de plus en plus pressante d'évoluer vers des tâches d'encadrement et le sort réservé à mes aînés dans mon entreprise m'ont incité à changer d'activité.

« En 1999, j'ai passé le concours du CAPET externe de Génie électrique et j'ai enseigné en section SSI et STI électronique. Le choc pour moi fut brutal de constater la baisse de niveau des sections techniques en 18 ans passés dans l'industrie, notamment pour la spécialité Agent technique (niveau BTS ou DUT suivant les cas). Même si le niveau enseigné était bien bas de mon point de vue, ma compétence était au service des élèves et je me sentais à ma place. Une difficulté était quand même le référentiel applicable (le programme) datant des années 80, ambitieux pour l'époque et en total décalage avec le niveau réel des élèves des années 2000. Une réforme semblait souhaitable pour officialiser des objectifs réalistes et orientés en fonction des besoins du marché du travail.

« Puis vint la réforme de 2010 mise en place par Luc Chatel et applicable à la rentrée 2011. Pour le coup, le terme réforme est faible pour décrire tous les changements mis en place dans une précipitation totale. L'enseignement des métiers est réduit à peu de choses dans le référentiel de 4 spécialités seulement qui constitue des “teintures” sur un tronc commun généraliste d’une section unique appelée STI2D qui rentre bizarrement en concurrence avec la section SSI. L’électronique disparaît purement et simplement. En lieu et place apparaît la spécialité « Systèmes Informatiques et Numériques ». Cela ne me pose pas de problème personnel, je maîtrise bien le domaine et je l’enseigne même plus volontiers que les classiques problèmes de courant de diode ou de montages amplificateurs.

« Je me pose quand même la question de la compétitivité de notre pays dans le domaine industriel avec un pareil abandon de compétences. La mise en place de la réforme est faite à la hussarde dans un état d’affolement que l’Inspection a du mal à dissimuler. Entre-temps le gouvernement a changé sans que les objectifs soient infléchis le moins du monde ou qu’un moratoire soit décidé, ne serait-ce qu’à cause du coût astronomique de cette réforme. En effet, il aura fallu réorganiser l’implantation de tous les ateliers de tous les lycées techniques de France, abattre des cloisons, en remonter d’autres à côté, refaire tous les faux plafonds, les peintures et renouveler les mobiliers. Ceci est fait à l’échelle du pays sans que la réforme ait été testée préalablement dans une académie pilote.

« Début 2011, l’inspection nous convoque en séminaire pour nous expliquer le sens et les modalités de la réforme, apparait la volonté de supprimer toute activité de type cours, ce qui est la radicalisation d’une tendance déjà bien marquée. On nous assène en insistant bien que l’élève est acteur de son propre savoir, qu’il en est le moteur. Pour les spécialités, donc la mienne SIN entre autres, cela signifie qu’une partie conséquente de l’activité sera de type projet. À l’époque, les chiffres restent vagues, il est question de 50% du temps au moins. La nature des projets, la façon de les conduire, la façon de les évaluer ne sont pas évoquées et les questions que posent les enseignants à ce sujet restent sans réponses, nous serons mis au courant après la rentrée de septembre.

« En attendant, l’inspection nous fait entièrement confiance pour continuer comme d’habitude. Je fais remarquer qu’il ne faudra pas tarder car nous préparons les élèves au bac en deux ans et la connaissance des modalités d'examens est incontournable rapidement après la rentrée pour un travail efficace, c'est-à-dire sans perte de temps. Lors de la réunion suivante, après la rentrée 2011, l'inspecteur répond un peu agacé à la même question "que notre travail c'est d'enseigner et que l'évaluation, on verra après" (*sic*). En attendant, le travail devant les élèves est commencé et moi et mes collègues travaillons à l'estime. Le manque de matériel se fait cruellement sentir dans mon lycée, les travaux nécessaires ne seront faits qu'à l'été 2012. Lors d'une réunion aux alentours de février, il nous est demandé pour la prochaine réunion d'exposer l'état d'avancement de la réforme et si possible les projets envisagés ou mieux déjà mis en œuvre. À ce moment-là, je viens juste de recevoir un premier lot de matériel et je ne dispose du logiciel correspondant que depuis novembre. La pression amicale mais réelle pour commencer les projets va aller augmentant.

«J'ai un groupe de 16 élèves et un autre de 15 dans une salle qui est déjà trop étroite pour recevoir proprement 14 élèves en travaux pratiques et avec un matériel réduit qui ne me permet qu'un choix très restreint de sujets. La phase passée en projet sera cauchemardesque pour l'enseignant et la fraction d'élèves sérieux. Le dernier mois de cette année de première sera passé en activités plus classiques.

«À la rentrée 2012, les élèves sont maintenant en terminale, j'ai les tables de travail prévues dans une salle provisoire de 80 m^2 au lieu des 140 m^2 prévus. Il est difficile de bouger, le travail en travaux pratiques reste possible et je couvre ainsi la partie communication réseau de référentiel au moyen d'un logiciel de simulation. Je ne dispose pas du matériel support. On me bricole une salle de 150 m^2 à partir de deux salles de cours séparées par un couloir et j'attaque les projets dans ces conditions. Le couloir sera abattu aux vacances de février.

«Pendant ce temps, nous avons appris que la note du bac porterait uniquement sur le projet final et que la note serait constituée de deux parties égales, l'une attribuée par un jury en fin d'année suite à une soutenance orale avec support informatique, l'autre attribuée par l'enseignant de l'année au vu du travail fourni par les élèves. Les critères d'évaluation portent principalement sur la gestion de projet et la démarche de développement durable. Il est explicitement exclu de juger les élèves sur les performances et la réussite du projet.

« Cela appelle deux remarques. La première est que les critères sont inadaptés, les élèves sont incapables de concevoir et même de gérer un projet par eux-mêmes. De plus, la démarche de développement durable est une plaisanterie en spécialité SIN où l'obsolescence programmée est la règle. Comment note-t-on alors les élèves ? À l'estime, en fonction de critères autres, l'inspection le sait mais ne veut surtout pas que la chose soit dite. Du coup, cette note relève "du grand n'importe quoi" et ne respecte aucune règle d'équité. Elle est attribuée par un enseignant seul qui connaît ces élèves depuis au moins un an et compte coefficient 6, ce qui écrase les autres matières. Cela viole l'esprit du baccalauréat dans les grandes largeurs.

« Je considère que c'est une infamie et je me refuse à recommencer. L'ensemble du corps inspectoral est criminel ou lâche ou les deux d'avoir laissé faire une chose pareille. Cette mécanique est conçue dans une idée de concurrence entre les enseignants mais aussi entre les établissements pour créer une dynamique de très bonnes notes à l'examen y compris et surtout si elles n'ont aucun sens. Vous avez l'explication des excellents résultats du cru 2013 du baccalauréat au moins pour la filière technologique.

« Cela fait plus d'un an que je me plains à mon syndicat de cet état de fait. Pas un seul compte-rendu ni localement sur Marseille ni à un plus haut niveau n'en fait mention. Je suis tout seul à avoir des problèmes de conscience. Ou alors le syndicat est activement complice de l'état de fait, le responsable local me dit : "Mais non Pierre tu n'es pas tout seul."

« En attendant je ne vois aucune réaction chez aucun syndicat. Que penser ? Soit nous sommes muselés, soit je suis le dernier idiot dans son coin.

« De toute façon, je n'accepte pas cette situation. Je pense au niveau toujours plus problématique des élèves, autrefois on savait parler et écrire un français très convenable après 5 ans d'études primaires. Aujourd'hui les élèves bacheliers maîtrisent mal la langue, ne savent plus estimer des chiffres après 12 ans d'études. Cherchez l'erreur. La réponse de l'institution est : "Oui, mais les élèves savent faire d'autres choses." Je suis bien placé dans ma spécialité pour savoir que cela n'est pas vrai ! Les élèves ne maîtrisent rien ou presque des techniques numériques d'aujourd'hui. Tout ce qu'ils savent faire est jouer et surfer sur internet. Cela ne fait pas une compétence professionnelle.

« Les médias nous rebattent les oreilles sur la perte de compétitivité du pays en laissant entendre que le coût du travail est trop élevé. Cette présentation pèche par une omission grave. La réalité est que le travail en France est trop cher pour ce que les travailleurs sont capables de faire véritablement. Et là, la responsabilité de l'Éducation nationale est écrasante. Qui osera le dire ? J'essaye, mais je me sens bien petit. J'essaye de créer un maximum d'émoi sur la question. J'aurais pu m'immoler par le feu au milieu de la cour le jour de la rentrée des élèves[3], cela aurait eu plus d'allure, mais je ne suis pas assez vertueux pour cela. Quand vous lirez ce texte, je serai déjà mort.

Pierre Jacque, enseignant du lycée Antonin Artaud à Marseille. »

Pour bien comprendre ce qui a pu désespérer un prof consciencieux, aimé de tous (plusieurs tweets envoyés par certains de ses anciens élèves en témoignent), j'ai demandé à un ex-prof du technique recyclé depuis deux ans en prof de maths ce qui s'est passé dans cette profession. Je recopie tel quel son témoignage :

---

3 Allusion au geste tout aussi désespéré de Lise Bonnafous, qui s'est immolée par le feu dans la cour de son établissement à Béziers en octobre 2011.

« Ce qui se passe en STI2D est une honte absolue, on y enseigne du vent (ce qui peut être utile pour faire tourner les éoliennes). Les profs de STI étaient autrefois fortement spécialisés (génie civil, productique, construction, électrotechnique, électronique, physique appliquée, etc.). Chacun avec une licence et maîtrise très spécifique et des CAPET ou agreg différents.

« Ils sont désormais omniscients et enseignent (oui, mais sous forme de *projet*...) tout ce qui est en rapport avec le monde technique sans distinction.

« Comme si ça se pouvait !

« Tout comme un prof d'anglais qui devrait enseigner l'espagnol (ben quoi c'est aussi une langue étrangère non ?).

« Les élèves de ces filières n'étaient en général pas d'un niveau éblouissant (euphémisme) en enseignement général, mais finissaient par acquérir quelques savoir-faire techniques et un vague bagage technologique.

« Aujourd'hui, on ne leur "apprend" plus rien et ils passent deux ans à "découvrir en autonomie et sur des projets pluridisciplinaires en groupe" les hypothétiques relations entre écologie et industrie à travers les projets de développement durable (de lapin), l'analyse du cycle de vie, les cartes mentales de conscientisation de l'impact environnemental et autres fariboles.

« Plus de cours, puisqu'ils "s'autoforment" à partir de documents ressources académiques ou du web au fur à mesure du besoin, chacun à son rythme, relativement à ses centres d'intérêt et en suivant les nécessités rencontrées dans son projet !

« Les plus fous des pédagogistes associés aux plus intégristes des altermondialistes ont pris le pouvoir sur cette branche de l'enseignement.

« Besoin que je détaille les résultats ?

« C'est tellement violent que lors du bac il a été interdit aux profs de mettre des notes dans l'épreuve phare... Ils étaient seulement autorisés à transmettre un document avec des cases cochées à l'IPR qui a transcrit "ça" en notes (genre 13 ou 14 de moyenne académique qui reste encore secrète chez nous) sans que les profs puissent savoir comment !

« De l'avis général, répondre vaguement à 15% ou 20% des questions était largement suffisant pour obtenir la moyenne.

« Moi non plus je n'aurais pas supporté cette mascarade.

« Dans mon ancien bahut, ce sont les collègues les plus nuls techniquement qui ont pris les choses en main, les autres ayant refusé de se les salir à couper la branche sur laquelle ils étaient assis.

« Bien entendu ils seront promus au grand choix[4], et les autres voient disparaître avec dépit la filière STI qui fut celle de la réussite des gosses modestement intelligents, modestement ambitieux, issus de milieux modestes financièrement et culturellement, à qui on donnait une vraie chance d'avoir un vrai boulot de technicien après le BTS qui faisait normalement suite.

« Personnellement j'y étais très attaché et fier de voir des gosses finir par s'en sortir alors que tout les prédisposait à l'échec.

« Après STI2D, les élèves, qui sont lucides sur leurs aptitudes, ne demandent même plus à entrer en BTS et rentrent en fac de psycho, LEA ou autres conneries puisqu'ils savent bien qu'ils ne peuvent pas espérer rattraper le niveau… bac pro (en aucun cas pour la pratique mais guère plus sur les aspects techniques et technologiques) !

« C'est aussi un désastre économique qui s'annonce. La majorité des élèves de bac pro ont de réelles compétences pratiques, mais rares sont ceux qui peuvent espérer acquérir en BTS des compétences théoriques suffisantes pour devenir réellement techniciens supérieurs et non pas seulement ouvrier qualifiés.

« Je me demande où les patrons vont les trouver dans quelques années, peut-être dans les « petites » écoles d'ingénieurs ?

---

4 Un enseignant progresse dans sa carrière selon deux modalités : à l'ancienneté, s'il ne donne pas satisfaction ou s'il rue dans les brancards – et ce fut mon cas tout au long de ma carrière ; au « grand choix », s'il accepte de se couler dans les moules pré-définis par l'Inspection. Le petit doigt sur la couture du pantalon – ou de la jupe. Je précise cela à l'intention des bonnes âmes qui suggèrent régulièrement qu'une part du salaire des enseignants soit modulée en fonction de leur « mérite » – c'est-à-dire de leur conformisme. Oh, rien à craindre, ce ne sont pas ceux-là qui se suicident.

« Cette réforme est une honte et un désastre, pour les mômes, pour les collègues et pour le pays.

« Je survis pour avoir su fuir à temps[5] ! »

Ultimes précisions.

Cette réforme est intervenue pour faire des économies. Et pour ce faire, elle s'est appuyée (idéologie Chatel) sur les lubies béates des pédagogistes (idéologie Meirieu/Dubet). Ou, si l'on préfère, le démantèlement de l'École de la République combine à la fois les concordances européennes (nous étions les seuls en Europe à avoir une voie technologique, les autres pays ont une voie générale et une voie professionnelle – grâce à l'intégration des systèmes d'enseignement européen voulue par la convention de Lisbonne en 2002, nous rentrons dans le rang), la volonté libérale de destruction de toutes les institutions d'État, et les folies libertaires de tous ceux qui ont cru – sincèrement parfois – que l'élève construit lui-même ses propres savoirs : ce que Pierre Jacque souligne avec l'ironie du désespoir.

Un récent rapport de la Cour des comptes (mais de quoi je me mêle !) préconise d'en finir avec l'aspect « disciplinaire » de l'Éducation, et de rendre tous les enseignants multi-spécialistes. Et pourquoi ne pas exiger qu'ils soient aussi doués d'ubiquité, afin d'être dans deux salles de part et d'autre du couloir ?

Quant au fait que dans STI2D, les « 2D » signifient « développement durable », je ne le commenterai même pas. C'est comme si tout était dit : vous ajoutez « développement durable » à n'importe quel paquet de n'importe quoi, et vous en avez fait un produit commercialisable.

Un mot encore. Le ministère se refuse depuis des années à publier des statistiques réelles sur les dépressions en milieu enseignant. Tous ceux qui se sont penchés sur la question savent que cette profession qui est, paraît-il, peuplée de feignasses trop payées et surchargées de vacances, paie aux lubies des technocrates déments et des pédagogues fous un

---

5 Merci à Alain C*** pour son témoignage.

tribut monstrueux. Un sondage tout récent nous apprend que les Français sont de moins en moins satisfaits de leur école. Eh bien, qu'ils le sachent : les profs non plus n'en sont pas heureux – ils n'y sont pas heureux et même, parfois, ils en meurent.

LA FRANCE À L'HEURE EUROPÉENNE

« Le communisme est-il soluble dans l'alcool ? » demandaient en 1978, presque pour rire, Antoine et Philippe Meyer. (On sait désormais que oui : après deux ans de beuveries consécutives à l'élection de François Mitterrand, et l'invention d'un FN qui a siphonné le vote populaire, il ne reste plus rien ni personne, place du Colonel-Fabien.) Mais la France est-elle soluble dans l'Europe ? Ma foi, oui, si l'on prend au pied de la lettre le Protocole de Lisbonne.

Ce Protocole est, depuis quatorze ans, le programme qui réglemente l'École de la République. C'est beau, Lisbonne. C'était beau, l'Europe. Mais c'était beau, la France. Et elle était belle, notre École française…

« Était » : c'est qu'il n'y a plus guère d'école. Et peut-être n'y a-t-il plus guère de France.

Il m'est arrivé, par pur esprit polémique bien entendu, de dire que la rue de Grenelle, où se trouve le ministère de l'Éducation, commence et finit à Bercy, tant la politique scolaire a été conditionnée, ces dernières années, par les oukases du ministère des Finances. Approximation ! La rue de Grenelle commence et finit à Bruxelles, grâce à la « stratégie de Lisbonne ». Géographie curieuse ! Mais comme on n'enseigne plus trop la toponymie...

C'était en mars 2000. Les objectifs définis par le Conseil européen à cette date ont été réaffirmés à maintes reprises, en 2001 à Göteborg, puis à chaque « point d'étape » : dès 2003, en France, le Rapport Garrigue déplorait une insuffisante mise en conformité (entendez-vous combien ce mot est proche de « conformisme » ?), et l'année suivante Wim Kok, l'ancien Premier ministre néerlandais, trouvait que les choses n'allaient pas assez vite : « Il y a beaucoup à faire pour éviter que Lisbonne ne devienne un synonyme d'objectifs manqués et de promesses non tenues », disait-il alors. Il fallait accélérer – c'est la stratégie européenne chaque fois que l'on va dans le mur. Chatel puis Peillon s'en sont chargés.

La stratégie de Lisbonne, qui est exclusivement à visée économique, a pensé pour nous l'Éducation. C'est là, et nulle part ailleurs, que les politiques scolaires européennes ont été pensées. C'est en application des décisions prises par une poignées d'économistes européens, dont on sait à quel point ils sont à la botte des grands argentiers internationaux, que l'École française connaît, depuis quinze ans, cette admirable embellie dont profitent tant nos élèves, comme le rappelle PISA à chaque évaluation...

Quelles sont les décisions prises à cette époque – et appliquées sans faille depuis par les divers ministres, qui font semblant d'avoir des initiatives, mais qui, courageusement, s'en sont remis à un quarteron de banquiers pour penser à leur place ? Il s'agissait de faire de l'Union européenne « l'économie de la connaissance la plus compétitive et la plus dynamique du monde », sur le modèle (si !) du système américain, dont on avait alors l'impression qu'il était le plus performant. Quelques illusions ont succombé depuis, au gré des crises (la stratégie de Lisbonne avait été élaborée durant une brève éclaircie économique), mais l'objectif demeure, selon le principe très technocratique selon lequel les choses vont mal parce qu'on n'a pas appliqué les décisions à fond. C'est l'argument des partisans du collège unique, l'argument des inventeurs des ZEP, l'argument de ceux qui aujourd'hui veulent réintégrer dans le flux général les élèves compliqués aujourd'hui pris en charge dans les SEGPA. Toute apocalypse molle peut être effectivement remplacée par une apocalypse rapide.

Comment un objectif a priori économique a-t-il eu un tel poids sur les politiques scolaires ? C'est qu'il s'agissait d'augmenter « l'employabilité » et le niveau de qualification requis dans « l'économie de la connaissance » (on remarquera que, syntaxiquement, l'expression subordonne la connaissance à l'économie – le diable est dans les détails). Pour cela, l'Union européenne s'est imposée en catalyseur des diverses politiques. Ou, si l'on préfère, en chef d'orchestre de ce que l'on continuait à faire semblant de décider dans les capitales européennes, mais qui était au final imposé par Bruxelles. Réaliser le retard que la plupart des pays européens avaient pris, par rapport aux États-Unis et à certains pays asiatiques, dans les investissements, la recherche et l'université n'était pas en soi une mauvaise chose – en période de croissance. En période de crise, on a appliqué les conseils bon marché et on a négligé ceux qui risquaient d'écorner le portefeuille. Le libéralisme, qui pouvait être un moyen, est devenu un totem, alors même qu'il affichait ses limites. Parlez-en aux Grecs, aux Espagnols, aux Italiens – et aux Français qui, en avril 2014, deux dimanches de suite, ont donné leur sentiment sur la question. Sans qu'on les entende. « On » devrait se méfier : le mépris engendre la haine.

Les Français d'ailleurs ne s'y étaient pas trompés : ils avaient dit non par référendum à cette Europe qui n'était plus du tout les États-Unis d'Europe chers à Victor Hugo, mais un conglomérat d'appétits. Ceux qui, à l'UMP comme au PS, sont passés par-dessus la tête de la volonté populaire ne devaient pas s'étonner d'en payer le prix aux municipales de 2014, ou à la présidentielle de 2017.

Faire passer l'école sous les fourches caudines de « l'employabilité » à tout prix (et si possible à bas prix) a eu des conséquences terribles. Le « socle de compétences » de base, c'est l'Europe – et l'on sait combien le « socle » a réduit comme peau de chagrin les exigences scolaires : miracle, des théories pédagogiques fumeuses sont venues au secours des ambitions politiques. La diffusion chez les élèves de « l'esprit d'entreprise », comme l'a encore récemment rappelé Geneviève Fioraso (qui elle aussi fait semblant d'être ministre – aux Universités – pendant que les décisions sont prises ailleurs), au détriment des savoirs fondamentaux et d'une culture humaniste réelle, c'est le Protocole de Lisbonne. L'accroissement des coûts personnels des étudiants, pour les responsabiliser et les pousser vers des études « utiles », c'est encore le Protocole : aucun de ces grands argentiers, parce qu'ils n'y connaissent rien, n'a jamais pensé que les études que l'on commence parce qu'elles correspondent aux attentes des marchés se retrouveront cinq ans plus tard en porte-à-faux avec l'évolution de ces mêmes marchés. Seule une culture générale solide met à l'abri de ce genre d'aléa – cette culture que les cadres supérieurs trouvent dans les grandes écoles, que ce soit l'ENS, Polytechnique ou Oxford, pendant que *Vulgum pecus* ou, si l'on préfère, le gros des élèves et des étudiants, sera si peu et si mal éduqué qu'il restera taillable et corvéable à merci. Et à jamais.

Je ne suis pas le seul à hurler – parce que la France n'est pas le seul pays laminé par cette politique éducative absurde et inefficace au nom même de l'efficacité. De vrais grands esprits s'y sont opposés de toutes leurs forces, avec parfois un sens de l'invective bien supérieur au mien. En juin 2009, Arturo Pérez-Reverte, qui est sans doute le plus grand romancier espagnol contemporain, avait poussé un cri de rage que la décence m'empêche de traduire, mais que les lecteurs hispanisants se régaleront à déchiffrer :

« Permitidme tutearos, imbéciles », carta a los políticos sobre la educación en España.

« Cuadrilla de golfos apandadores, unos y otros.

« Refraneros casticistas analfabetos de la derecha. Demagogos iletrados de la izquierda.

« Presidente de este Gobierno.

« Ex presidente del otro.

« Jefe de la patética oposición.

«Secretarios generales de partidos nacionales o de partidos autonómicos.

«Ministros y ex ministros – aquí matizaré ministros y ministras – de Educación y Cultura.

«Consejeros varios. Etcétera.

«No quiero que acabe el mes sin mentaros – el tuteo es deliberado; a la madre. Y me refiero a la madre de todos cuantos habéis tenido en vuestras manos infames la enseñanza pública en los últimos veinte o treinta años. De cuantos hacéis posible que este autocomplaciente país de mierda sea un país de más mierda todavía.

«De vosotros, torpes irresponsables, que extirpasteis de las aulas el latín, el griego, la Historia, la Literatura, la Geografía, el análisis inteligente, la capacidad de leer y por tanto de comprender el mundo, ciencias incluidas. De quienes, por incompetencia y desvergüenza, sois culpables de que España figure entre los países más incultos de Europa, nuestros jóvenes carezcan de comprensión lectora, los colegios privados se distancien cada vez más de los públicos en calidad de enseñanza, y los alumnos estén por debajo de la media en todas las materias evaluadas.

«Pero lo peor no es eso. Lo que me hace hervir la sangre es vuestra arrogante impunidad, vuestra ausencia de autocrítica y vuestra cateta contumacia. Aquí, como de costumbre, nadie asume la culpa de nada.

«Hace menos de un mes, al publicarse los desoladores datos del informe Pisa 2006, a los meapilas del Pepé les faltó tiempo para echar la culpa de todo a la Logse de Maravall y Solana – que, es cierto, deberían ser ahorcados tras un juicio de Nuremberg cultural –, pasando por alto que durante dos legislaturas, o sea, ocho años de posterior gobierno, el amigo Aznar y sus secuaces se estuvieron tocando literalmente la flor en materia de Educación, destrozando la enseñanza pública en beneficio de la privada y permitiendo, a cambio de pasteleo electoral, que cada cacique de pueblo hiciera su negocio en diecisiete sistemas educativos distintos, ajenos unos a otros, con efectos devastadores en el País Vasco y Cataluña.

«Y en cuanto al Pesoe que ahora nos conduce a la Arcadia feliz, ahí están las reacciones oficiales, con una consejera de Educación de la Junta de Andalucía, por ejemplo, que tras veinte años de gobierno ininterrumpido en su feudo, donde la cultura roza el subdesarrollo, tiene la desfachatez de cargarle el muerto al "retraso histórico". O una ministra de Educación, la

señora Cabrera, capaz de afirmar impávida que los datos están fuera de contexto, que los alumnos españoles funcionan de maravilla, que "el sistema educativo español no sólo lo hace bien, sino que lo hace muy bien" y que éste no ha fracasado porque "es capaz de responder a los retos que tiene la sociedad", entre ellos el de que "los jóvenes tienen su propio lenguaje : el chat y el sms". Con dos cojones.

« Pero lo mejor ha sido lo tuyo, presidente – recuérdame que te lo comente la próxima vez que vayas a hacerte una foto a la Real Academia Española. Deslumbrante, lo juro, eso de que "lo que más determina la educación de cada generación es la educación de sus padres", aunque tampoco estuvo mal lo de "hemos tenido muchas generaciones en España con un bajo rendimiento educativo, fruto del país que tenemos."

« Dicho de otro modo, lumbrera : que después de dos mil años de Hispania grecorromana, de Quintiliano a Miguel Delibes pasando por Cervantes, Quevedo, Galdós, Clarín o Machado, la gente buena, la culta, la preparada, la que por fin va a sacar a España del hoyo, vendrá en los próximos años, al fin, gracias a futuros padres felizmente formados por tus ministros y ministras, tus Loes, tus educaciones para la ciudadanía, tu género y génera, tus pedagogos cantamañanas, tu falta de autoridad en las aulas, tu igualitarismo escolar en la mediocridad y falta de incentivo al esfuerzo, tus universitarios apáticos y tus alumnos de cuatro suspensos y tira p'alante.

« Pues la culpa de que ahora la cosa ande chunga, la causa de tanto disparate, descoordinación, confusión y agrafía, no la tenéis los políticos culturalmente planos. Niet. La tiene el bajo rendimiento educativo de Ortega y Gasset, Unamuno, Cajal, Menéndez Pidal, Manuel Seco, Julián Marías o Gregorio Salvador, o el de la gente que estudió bajo el franquismo: Juan Marsé, Muñoz Molina, Carmen Iglesias, José Manuel Sánchez Ron, Ignacio Bosque, Margarita Salas, Luis Mateo Díez, Álvaro Pombo, Francisco Rico y algunos otros analfabetos, padres o no, entre los que generacionalmente me incluyo.

« Qué miedo me dais algunos, rediós. En serio. Cuánto más peligro tiene un imbécil, que un malvado. »

La décence devrait m'empêcher de traduire, mais le souci de la vérité m'y oblige – je dédie cette traduction qui n'est pas de mon fait à tous les pisse-vinaigre qui croient que je pratique un peu trop l'invective :

« Permettez-moi de vous tutoyer, imbéciles… / Lettre aux politiques sur l'éducation en Espagne

« Bande de Rapetous, les uns et les autres. Recueil de proverbes puristes analphabètes de droite. Démagogues illettrés de gauche. Président de ce gouvernement.

Ex-président de l'autre. Chef de l'opposition pathétique. Secrétaires généraux des partis nationaux ou des partis régionaux. Ministres et ex-ministres – ici je préciserai hommes et femmes ministres – de l'Éducation et de la Culture. Conseillers divers. Etc.

« Je ne veux pas que finisse le mois sans te mettre plus bas que terre – le tutoiement est délibéré. Et je veux vous mettre plus bas que terre tous autant que vous êtes qui avez eu dans vos mains infâmes l'enseignement public dans les vingt ou trente dernières années. Tous autant que vous êtes avez rendu possible que ce pays de merde auto-satisfait est encore plus un pays de merde.

« Je parle de vous, impuissants irresponsables, qui avez extirpé des salles de classe le latin, le grec, l'Histoire, la littérature, la géographie, l'analyse intelligente, la capacité de lire et donc de comprendre le monde, sciences incluses.

« Vous qui, par incompétence et sans vergogne, êtes coupables que l'Espagne figure parmi les pays les plus incultes d'Europe, nos jeunes manquent de compréhension de la lecture, les écoles privées s'éloignent toujours plus des écoles publiques dans la qualité de l'enseignement et les élèves sont en dessous de la moyenne dans toutes les matières évaluées.

« Mais le pire, ce n'est pas encore ça. Ce qui me fait bouillir, c'est votre impunité arrogante, votre absence d'autocritique et votre entêtement de ploucs.

« Dans ce domaine, comme d'habitude, personne n'assume sa faute en rien. Il y a moins d'un mois, à la publication des données désolantes du rapport PISA, il a manqué du temps aux saintes-nitouches de Pepe Aznar pour faire reposer la faute sur la Loi Organique Générale du Système Éducatif des socialistes Maravall et Solana (1990) – qui, c'est certain, devraient être pendus après un procès de Nuremberg culturel – en passant sous silence que pendant deux législatures, c'est-à-dire huit ans de gouvernement consécutifs, l'ami Aznar et ses partisans avaient littéralement touché le pompon dans la question de l'Éducation, détruisant l'enseignement public au profit du privé et permettant en échange de compromis électoraux, que chaque cacique de village fasse ses affaires dans chacun des dix-sept autres systèmes éducatifs distincts, étrangers les uns aux autres, avec des effets dévastateurs au Pays basque et en Catalogne.

« Et quant au PS qui maintenant nous conduit vers l'Arcadie heureuse, voici les réactions officielles, avec une conseillère à l'Éducation de la Junte d'Andalousie, par exemple, qui après vingt ans de gouvernement ininterrompu dans son fief, où la culture broute le sous-développement, a l'audace de faire porter le chapeau au "retard historique".

« Ou une ministre de l'Éducation, Mme Cabrera, capable d'affirmer, impavide, que les données sont hors de contexte, que les élèves espagnols réussissent à merveille, que "le système éducatif espagnol le fait non seulement bien, mais le fait très bien" et que celui-ci n'a pas échoué parce que "il est capable de répondre aux défis auxquels fait face la société", parmi ceux-ci il y a celui "des jeunes qui ont leur propre langage : le chat et le SMS". Ça c'est avoir des couilles.

« Mais la meilleure, c'est encore la tienne, président, rappelle-moi de te la commenter la prochaine fois que tu vas prendre une photo à l'Académie royale espagnole. Éblouissant, je le jure : "Ce qui détermine le plus l'éducation de chaque génération est l'éducation de ses parents", bien que ça non plus ce n'était mal : "Nous avons eu beaucoup de générations en Espagne avec un bas rendement éducatif, fruit du pays que nous avons."

« Autrement dit, espèce de lumière : qu'après deux mille ans d'Hispanie gréco-romaine, de Quintilien à Miguel Delibes en passant par Cervantes, Quevedo, Galdós, Clarín ou Machado, les gens bien, les gens cultivés, instruits, ceux qui sortiront finalement l'Espagne du trou, arriveront ces prochaines années, enfin, grâce aux futurs parents heureusement formés par tes ministres et ministresses, tes lois organiques de l'éducation supérieure, tes éducations à la citoyenneté, tes sexe et genre, tes pédagogues baratineurs, ton manque d'autorité dans les salles de classe, ton égalitarisme scolaire dans la médiocrité et ton manque d'encouragement à l'effort, tes universitaires apathiques et tes élèves ayant raté quatre matières qui ont quand même le bac et en avant.

« Parce que la faute de ce qui maintenant est sujet à rigolade, la cause d'autant de bêtise, de manque de coordination, de confusion et d'agraphie, ne vient pas des politiciens culturellement plats. Niet.

« Ce bas rendement éducatif nous vient d'Ortega y Gasset, de Unamuno, de Cajal, de Menéndez Pidal, de Manuel Seco, de Julián Marías ou de Gregorio Salvador, ou des gens qui ont étudié sous le régime franquiste : Juan Marsé, Muñoz Molina, Carmen Iglesias, José Manuel Sánchez Ron, Ignacio Bosque, Margarita Salas, Luis Mateo Díez, Álvaro Pombo, Francisco Rico et quelques autres illettrés, parents ou pas, parmi lesquels je suis inclus sur le plan des générations.

« Quelle peur vous me faites, certains, bon Dieu. Sérieusement. Combien est plus dangereux un imbécile qu'un méchant[6]. »

Il faut le dire et le redire haut et fort : mettre l'école sous la dépendance des marchés (et des politiques qui, quoi qu'ils disent, sont tous « amis de la finance ») n'est pas une bonne idée – les marchés fluctuent, ils naviguent à vue, alors que le temps scolaire est long, très long même. Et ce n'est pas même un service à rendre aux marchés. Il faut une formation sérieuse, sans concession aux modes, aux lubies ou aux lobbies, au « tout

6 Je ne suis pas hispanisant, et ne me pare pas des plumes d'autrui : j'ai trouvé cette traduction sur Neoprofs.org. Merci à eux, et merci à A.N. qui l'a revue.

informatique », dont on sait qu'il n'apporte rien à l'école, sinon des déficits, comme l'apprentissage précoce de l'anglais en primaire, alors même que le français n'est pas maîtrisé. Voilà deux des effets directs de cette « économie de la connaissance » qui a engendré ce que j'appelais et appelle encore la « Fabrique du crétin ». Étant entendu une fois pour toutes, et pour bien enfoncer le clou, que le premier crétin n'est pas l'élève qui subit, mais le politique qui induit.

Seule une formation humaniste construit des jeunes assez cultivés et souples pour s'adapter et survivre en milieu hostile. Si le tigre aux dents de sabre a disparu, c'est qu'il était étroitement spécialisé. Et nous savons depuis Claude Allègre – c'est bien la seule chose intelligente qu'il ait proclamée – que le mammouth, auquel il a comparé le système scolaire, fut lui aussi victime de disparition précoce. L'enseignement privé, qui monte en flèche, se repaît du cadavre de l'école. Il est plébiscité par des parents qui ont compris, bien mieux que les grands argentiers européens, que des connaissances solides, une discipline sans faille, une transmission des savoirs sont les vraies bases d'une formation heureuse.

À noter que le privé est aussi divers que le public, et qu'à côté de très grandes boîtes justement célèbres ou de petites écoles réellement exigeantes, prospèrent un nombre infini de boîtes à bac qui surfent sur le désarroi des parents, conscients que le système public est désormais impuissant à transmettre les savoirs les plus élémentaires et à faire régner un ordre relatif : c'est caricaturalement vrai dans les ZEP, où bien des parents issus de l'immigration, mais désireux d'offrir une vraie chance à leurs enfants, préfèrent opter pour un privé confessionnel catholique plutôt que pour le collège de zone auquel la carte scolaire les astreignait. Quoique le mauvais privé soit quelquefois pire que le public. Ajoutez à cela l'idée (fausse) qu'en payant on obtient un meilleur service, et vous avez un malentendu persistant que les pauvres performances de bien des établissements publics ne peuvent démentir.

Vincent Peillon s'est retrouvé tête de liste aux européennes dans le Sud-Est – et élu, forcément, même si c'est avec un score historiquement bas. Ma foi, aucune contradiction avec ses fonctions ministérielles : après avoir servi ses maîtres, qu'il le veuille ou non, il part à Bruxelles chercher sa récompense. Mais nous tous qui voulons une vraie rénovation de l'école, nous nous efforcerons d'être au moins cohérents. L'enseignement doit être national, conçu en fonction des spécificités de chaque pays : c'est encore le meilleur moyen de les mettre en synergie, parce que nous ne sommes riches que de nos différences. La « convergence » des systèmes éducatifs, qui nous prive de toute décision dans l'éducation de nos enfants, est le mantra d'une illusion.

ÊTRE PROF

J'ai passé le concours d'entrée à l'ENS Saint-Cloud en 1972. Quarante-deux ans plus tard, je suis toujours enseignant, et je crois que je n'ai jamais eu de doutes – ou pas bien longtemps. C'est plus qu'une vocation : un sacerdoce. Il faut avoir la foi, pour batailler cinq ans en collège, douze ans en ZEP, vingt ans dans les lycées les plus divers, et depuis quelques années finalement en classes préparatoires – sans oublier une dizaine d'années à donner en parallèle des cours en fac. Mais si j'avais 18 ans aujourd'hui, me lancerais-je dans la carrière ?

L'ENS, oui, pourquoi pas… Mais il y a si peu d'élus, et dans tous les cas, combien de Normaliens aujourd'hui se consacrent à l'enseignement, surtout dans le second degré ? Pas un seul. Les élèves de l'ENS considèrent leur prestigieuse école pour ce qu'elle est : un marchepied pour une future carrière, dans l'enseignement supérieur parfois, la recherche pour quelques-uns, la politique pour bon nombre, via l'ENA souvent. Mais passer du temps à alphabétiser la racaille, comme disait...

Entendons-nous : j'ai eu beaucoup de plaisir à faire classe aux enfants d'ouvriers agricoles, au Neubourg, puis aux voyous, à Corbeil, à Montgeron, aux Ulis, et ailleurs. À les aider parfois à exprimer leurs talents. À aller en tout cas jusqu'au bout de leurs capacités, ce à quoi devrait se résumer le travail d'un enseignant, et l'ambition du système : amener chacun au plus haut de ce qu'il peut faire, et non le confiner dans un « socle commun » qui méprise les meilleurs sans véritablement aider les plus déshérités – merci le collège unique !

Mais quand même... à Corbeil, quartier des Tarterêts, un élève quelque peu dealer, à moitié djihadiste, « au demeurant le meilleur fils du monde », me demanda un jour combien je gagnais. C'était à une époque qui parlait encore en francs. « 15 000 francs par mois », dis-je naïvement (vingt-cinq ans plus tard, je gagne 3 700 euros en toute fin de carrière, et non 9000 ou 10 000, comme l'insinuent les incompétents). Le sympathique délinquant, qui m'aimait bien, je crois, parce que j'étais ce qu'il y avait de plus exotique dans son monde, me jeta un regard sidéré. « Mais m'sieur, c'est ce que je m'fais en une semaine ! » Il tira la conclusion qui s'imposait, et ne vint plus. C'était sur les terres de Serge Dassault, Djibril est peut-être désormais agent électoral, ou mort. C'était il y a vingt-cinq ans.

Un étudiant actuel a bien des raisons d'hésiter avant d'entrer dans la carrière. Il hésite si bien qu'il ne se présente même pas aux concours de recrutement. Et quand il s'y risque, il n'est pas forcément pris, parce que les plus compétents vont ailleurs : s'il y a carence de candidats en maths, par exemple, si les jurys sont obligés de recruter avec 4 de moyenne, c'est que les meilleurs mathématiciens font de la finance, parfois de la recherche ou des mathématiques appliquées, qu'ils passent des concours scientifiques pour se faire ingénieurs, mais que jamais (ou si rarement que c'est comme la mémoire de l'eau : on en parle pour le principe) ils ne pensent à faire de l'enseignement, surtout dans le second degré. Bref, ceux qui tentent les concours de recrutement ne sont pas exactement l'élite des matheux.

Je dis les maths, mais c'est la même chose en lettres, en anglais, en sciences, et globalement dans l'ensemble des disciplines. Il n'y a guère qu'en philosophie (peu d'autres débouchés que l'enseignement, peu de postes puisque cela ne s'enseigne qu'en terminale, on a donc encore le choix dans un vivier captif) que les jurys s'offrent encore le luxe de trier : les autres respectent comme ils le peuvent, en gonflant les notes afin de ne pas se déconsidérer totalement, les quotas qu'on leur a attribués. Quoique souvent, à la fin des oraux d'admission, ils renoncent à les combler, tant le niveau des admissibles est affligeant. Cette année (2014), sur les deux sessions du CAPES, il y a eu en moyenne entre 30 et 50% de postes non attribués.

Si l'enseignement était ce que racontent les habitués du Café du Commerce, un boulot de paresseux rythmé par de longues semaines de vacances et grassement rémunéré, proportionnellement à la sueur dépensée[7], un tel état de fait serait incompréhensible. Le chômage touche les jeunes de plein fouet, les étudiants peinent à trouver un travail à leur niveau de qualification à la sortie de l'université, quoi que dise le ministère après des enquêtes à la méthodologie douteuse, et voici un concours de recrutement de plus en plus facile (avec deux sessions par an depuis 2013, quel concours ne le serait pas ?), animé par des jurys compréhensifs quand ils ne sont pas complaisants, débouchant sur un métier facile, un travail de feignasse, qui ne trouve pas preneur... Étonnant, n'est-ce pas ? aurait dit le regretté Monsieur Cyclopède.

D'autant que le phénomène gagne à présent les professeurs des écoles, un corps resté longtemps à l'écart des pannes de recrutement que connaît le secondaire depuis quelques années déjà. Même l'argument de proximité (les instits sont nommés dans la région où ils ont réussi le concours) ne joue plus. Les certifiés et les agrégés sont envoyés, pendant des années, en terrain hostile et dans des académies déficitaires, comme on appelle poliment les endroits où personne ne veut aller, sauf les commandos. Les instituteurs enseignent à la maison – ou presque – à des élèves qui ne sont pas encore en âge de leur cracher au visage (mais leurs parents, si).

7 Réglons la question une fois pour toutes. De la maternelle à l'université, un enseignant recruté à bac + 5 au moins commence à 1500 € par mois nets. Et finit, dans le meilleur des cas, à 3500. La moitié exactement de ce que gagne son homologue luxembourgeois ou allemand. Seuls les Italiens, en Europe, gagnent un peu moins. Ni primes ni treizième mois. Quant à la légende selon laquelle quelques profs de prépas, quelques profs de fac, gagneraient plus de 10 000 € par mois, c'est une fantasmagorie. Ils aimeraient bien – comme tant d'autres. Et en termes de pouvoir d'achat, quand on compare la condition enseignante aujourd'hui et celle des années 1970, divisez par deux. Voilà la réalité.

Eh bien, malgré ces conditions idylliques, les étudiants ne se pressent pas pour se présenter aux concours de recrutement, et le SNUIpp, le syndicat ultra-majoritaire de ce personnel, s'inquiète de savoir si les postes non attribués cette année seront redistribués l'an prochain. En ces temps d'économies, rien n'est moins sûr. Et pour recruter qui, d'ailleurs ? Les jurys peinent à attribuer les deux-tiers des postes qu'on leur alloue, faute de candidats compétents.

Le risque, dans le primaire comme dans le secondaire, c'est que là où manqueront l'année prochaine de façon un peu trop voyante des enseignants qualifiés, on aille chercher des licenciés à la formation incertaine (est-ce un euphémisme ou un pléonasme ?) qui seront balancés devant les élèves sans préavis, avec des contrats très fragiles – sur dix mois et non douze par exemple, sans certitude d'être renouvelés. Le système des ESPE, ces remplaçants des IUFM voulus par Vincent Peillon, qui proposent des masters professionnels, vient récemment de montrer sa pleine logique. En 2013, les élèves de ces écoles du professorat ne représentent que 17% des nouveaux titulaires. Leurs élèves bernés, titulaires désormais d'un M1 qui ne leur sert à rien, ces reçus-collés comme dit l'excellent Pedro Cordoba, fourniront prochainement le gros des aléatoires de l'enseignement. On croyait en avoir fini avec les maîtres-auxiliaires des années 1970. Ils rentrent par la fenêtre.

Le CDD a déboulé depuis quelques années dans l'enseignement, après avoir fait les preuves de son efficacité dans l'entreprise... Il a envahi l'enseignement supérieur, où les précaires (plus de 50 000 aujourd'hui) forment l'essentiel des troupes et appellent aujourd'hui à la révolte. Il est en passe de se généraliser. Ce n'est plus le ministère qui recrute, c'est directement le chef d'établissement, via Pôle Emploi. Et on veut aujourd'hui lui donner encore plus de pouvoir, pour qu'il vire et recrute à sa guise. Ah oui ? Mais ce sont vos enfants qui en font les frais, à l'autre bout de la chaîne !

Il existe, dit-on, des cercles vertueux. Mais on sait, de science sûre, qu'il existe des cercles vicieux : à enseignants insuffisants correspondront, très vite, des élèves encore plus désarmés que ceux dont une récente statistique affirme qu'ils sont quasi analphabètes à plus de 17%, et illettrés parfois à près de 40%. Merveilleux effets d'un enseignement au rabais, où les horaires de français ont fondu comme beurre au soleil, prodigieux résultats du collège unique, des pédagogies aventureuses, de la non-formation des enseignants. Et du mépris dans lequel une grande partie de la population tient ceux qui s'aventurent encore à faire classe, et y trouvent même des satisfactions.

LE BAC POUR QUOI FAIRE ?

Bientôt le bac : le lundi 16 juin (2014), l'épreuve de philo. Mais d'ores et déjà ont été passées, courant mai, ces options payantes que seuls des médias réactionnaires qualifient de farfelues : surf, gouren, pétanque, escalade, danse, équitation – cette dernière payante à double titre, puisqu'elle coûte près de 1000 euros à qui la présente en contrôle en cours de formation (CCF). Bref, ont déjà eu lieu les exclusivités pédagogiques qui permettent de glaner assez de points pour passer au-dessus de 20/20, comme une ou deux centaines de candidats chaque année[8]. Pour l'option ski, sachez qu'elle se passe en saison...

Il est rituel que chacun y aille, en cette période d'examen national, de ses petits conseils pour déstresser les uns et rassurer les autres. Comme je suis un enseignant plein de sollicitude et qu'il ne me viendrait pas à l'idée de dire du mal du bac, alors, je vais moi-même sacrifier au rituel.

Tout en sachant que c'est parfaitement inutile : le nombre d'admis n'a cessé de progresser depuis que, fort imprudemment, Jean-Pierre Chevènement a demandé « 80% d'une classe d'âge au niveau bac » – ce qu'il a répété récemment, mais avec d'importantes nuances. Ce que ses propres services, pleins d'un zèle administratif, ont enregistré comme « 80% de bacheliers ».

8 241 en 2014, contre 171 en 2013 et 67 en 2012. Quand on vous dit que le niveau monte…

On en est à 87% de réussite cette année (2013), chaque ministre et chaque cabinet tâchant de faire mieux que son prédécesseur[9].

Alors, jeunes gens qui passez l'examen, en vérité, je vous le dis : le bac, vous l'aurez. Quoi que vous fassiez, et quoi que vous n'ayez pas fait.

Bon, d'accord, 13% d'échec, cela représente quand même 88 000 jeunes laissés libres de redoubler (soit, au cours actuel de l'élève, un peu plus d'un milliard d'euros : z'avez pas honte, les redoublants ?) ou d'entrer directement dans la vie active à Pôle Emploi. Autant transformer cet examen dispendieux en contrôle continu (je suis sûr que chaque enseignant, chaque établissement auront à cœur de noter objectivement, sans souci de faire mieux que son voisin ou concurrent), voire le supprimer carrément – encore 1,5 milliard de gagné – en subordonnant l'entrée dans les cursus du supérieur à l'examen du livret scolaire au mois de mai, comme c'est le cas déjà dans plus de 45% des formations (prépas, BTS, IUT et j'en passe, sans parler de médecine, qui sélectionne durement à bac + 1).

Côté stress, il faut bien se rendre compte que celui des postulants n'est que l'écho, en général, de celui des parents. Baccalauréat ! Le nom renvoie à un passé glorieux ou douloureux, et qui, vu l'âge moyen de fabrication du premier enfant (29-30 ans), évoque aux géniteurs d'apprenants, comme il est désormais convenu d'appeler les parents, leur propre bac, presque trente ans auparavant, qui était déjà tout autre chose que la parodie d'examen actuelle.

Le bac d'aujourd'hui n'a pas plus à voir avec celui que vous avez passé, ô quasi quinquas que vous êtes, que votre propre existence n'a à voir avec celle de votre grand-père. Quand il a été créé en 1808, le baccalauréat n'était pas l'usine qu'il est devenu, tout comme le bachelier d'aujourd'hui n'a plus rien de l'aspirant-chevalier qu'il était au XIIIe siècle. Le bac est désormais un examen anodin, auquel vos enfants réussiront, s'ils se sont donné la peine

---

9 Et finalement près de 88% cette année. Quand on vous dit que le niveau monte (bis !).

d'aller en classe. Et encore ! Un certain absentéisme (propre à préparer les épreuves de surf ou de pétanque, en attendant que la panne de réveil soit au programme) n'entre pas vraiment en conflit avec l'obtention du précieux sésame démonétisé.

Les « apprenants » le savent mieux que leurs parents, et c'est à eux de déstresser leurs géniteurs sous peine d'encaisser le retour du boomerang névrotique.

Mais non, je n'exagère pas ! Prenez les épreuves de langue, par exemple. Vous savez bien que la chair de votre sang ignore à peu près tout de l'anglais, sauf le *fuck the police !* appris au hasard d'un rap ou d'un graf'. Inutile de vous en faire pour autant : trois mots balbutiés servent de sésame pour obtenir la moyenne. Compétence « en cours d'acquisition », n'est-ce pas…

En fait, j'exagère à peine. Ce que les jurys de bac constatent, c'est moins une ignorance crasse qu'une médiocrité absolue. Les oraux, en particulier, consistent à partir à la pêche d'une phrase (rarement formulée en entier), d'une idée, d'un fragment d'idée, d'une connaissance réelle. Dans le regard du candidat ordinaire se lit le reflet souriant du désert des Tartares.

Et c'est cela que l'on envoie à l'université. Avec le sentiment de refiler le bâton brenneux aux collègues du supérieur. À eux de s'en dépatouiller.

Démonétisation, disais-je. Ou dévaluation générale. C'est si vrai que, parallèlement au gonflement des réussites globales, le nombre de mentions Bien et Très Bien a littéralement explosé. La mention passable devient l'exception. 10,5% des candidats au bac général obtiennent la mention Très Bien — surtout ceux issus de la section S. Incroyable ! Les élèves les plus triés se révèlent être les meilleurs. Mais comment font-ils ?

Pensez donc, en 1967, il n'y avait que 0,3% de bacheliers à appartenir à la même excellence : quand je pense qu'il y en a pour affirmer que le niveau baisse ! Très bien, c'est plus de 16 de moyenne. Cela fait chaud au cœur de savoir que près de 67 000 bacheliers appartiennent à l'élite. Sûr que cela les aidera... Évidemment, le TB ne vous donne plus un accès automatique à Sciences-Po Paris. Mais bon, c'est sans doute que le niveau de Sciences-Po a monté lui aussi...

Comme, en ces temps de crise, l'appât du gain pourrait surmotiver les chères têtes blondes ou brunes, sachez que diverses primes sont versées aux heureux bénéficiaires de ces mentions d'excellence. Aux enfants de Montrouge à mentions B ou TB, la municipalité verse une prime de 780 euros. Villemomble, en Seine-Saint-Denis, fait un peu moins bien, avec respectivement 150 et 300 euros : ils n'avaient qu'à habiter les Hauts-de-Seine ! À Nice, 200. La Guadeloupe offre à ses meilleurs élèves un aller-retour sur Paris et un ordinateur portable. Enfin, les boursiers à mention TB bénéficient d'un versement additionnel de 1800 euros annuels tout au long de leurs études supérieures.

Rêvez, les filles ! Il y a deux ans, une célèbre chaîne de beauté offrait une épilation à prix cassé pour toutes les bachelières. (Et les bacheliers alors ? Ils regardent pousser leurs poils pubiens ?) Et la séance terminée, les étudiantes se voyaient proposer un abonnement avec 25% de réduction. Ça alors, c'est alléchant.

Tout cela pour dire... Dire quoi ? Que le bac ne sert plus à rien et qu'on ne reviendra pas en arrière ? Qu'on n'envisage pourtant pas de le supprimer tout à fait, parce qu'un rite de passage, même inopérant, reste un rite. Mais à plus de 2,5 milliards d'euros par an, c'est le rite (ou le prétexte à beuveries de juillet, et davantage si affinités) le plus cher de la planète. Qu'il serait temps de permettre à chaque formation du supérieur de trier ses étudiants – ça leur éviterait peut-être les ennuis de l'IUT de Saint-Denis ces derniers temps, où le directeur reçoit par paniers des menaces de mort rarement rédigées en français. Après tout, comme nous l'avons vu, tant de formations d'élite ont déjà pris le chemin de la sélection qu'il est un peu illusoire de ne pas permettre aux facs « ordinaires » d'en faire autant.

Enfin, ce n'est pas sur la base d'un examen de hasard, où les consignes de correction incitent les enseignants à gonfler leurs notes au-delà de l'imaginable, que devraient être distribuées les bourses au mérite, mais sur la foi d'un travail constant de la seconde à la terminale, et tolérance zéro du côté des absences et des devoirs non rendus. Cela vaudrait mieux qu'une grand-messe vidée de tout contenu effectif.

Il n'y a pas à réformer le bac – ce ne serait jamais que des soins palliatifs imposés à un mort-vivant. Tant pis si le beau nom de baccalauréat s'éteint prochainement. Je le sacrifierais volontiers en échange d'une réforme radicale des contenus et des pédagogies, infiniment moins coûteuse à mettre en œuvre que l'obstination à transfuser, chaque année, un cadavre.

CHRONIQUES DE LA VIOLENCE ORDINAIRE

Ce n'est pas tous les jours que nous avons droit à la fin de l'histoire. Trop souvent les médias nous assènent les faits, mais ne nous tiennent pas informés des suites – en particulier des suites judiciaires. Les délais entre les actes et les jugements sont si longs, le temps médiatique si compté, qu'il faudrait tout raconter à nouveau, à chaque fois.

Ce qui suit remonte à 2012 – autrement dit, la préhistoire.

Collège Garcia-Lorca, Seine-Saint-Denis. Une ZEP ordinaire. 5 avril 2012, 14h20. Marie (fine, fluette, blondinette) est une jeune enseignante, nommée là l'année précédente, après son stage. Elle est en train de faire une dictée (quel culot !) à ses élèves de quatrième quand la porte s'ouvre. Un grand adolescent inconnu, le visage dissimulé sous une capuche, se précipite sur elle et la frappe au visage une dizaine de fois avec un coup-de-poing américain. Jusqu'à ce qu'elle s'effondre à terre.

Il faudra quinze points de suture pour la rafistoler. Et dix jours d'ITT. Mais elle n'a jamais repris. Qui l'aurait pu ?

L'agresseur, 16 ans, avait été « missionné » par l'un de ses élèves, 14 ans, pour la massacrer, afin d'empêcher la distribution des bulletins. *Sic*. Et parce qu'il avait un vieux compte à régler – vieux à son échelle, c'est-à-dire quelques semaines auparavant : Marie l'avait surpris en train de falsifier des documents du collège avec le tampon officiel. Six jours d'exclusion. Depuis, il griffonnait des « sale pute » sur toutes les tables et les murs du collège, avec le soutien sans faille de sa mère, qui traitait Marie d'affabulatrice.

L'agresseur est entré dans le collège en sautant la barrière, avec une grande facilité, grâce à une butte opportunément placée. Ce n'est pas le personnel de surveillance, réduit depuis des années à la portion congrue, qui risquait de remarquer quoi que ce soit. Il a été guidé jusqu'à la classe par le commanditaire, via son téléphone portable. Ils sont juste assez lettrés pour écrire des SMS criminels.

L'administration a immédiatement réagi avec son efficacité habituelle : elle a expédié à Garcia-Lorca un inspecteur d'académie adjoint (pas de quoi déplacer un recteur ou un ministre, hein...) qui a installé une « cellule psychologique », pour les élèves (et pas pour les profs, qui avaient cessé spontanément le travail), et a assuré qu'il s'agissait d'un acte isolé et que c'était un collège calme.

Flash-back. Il y a vingt ans, une commission sénatoriale avait auditionné la principale de ce même collège Garcia-Lorca. Qui raconta alors comment était organisée la discipline dans son établissement – et comment une cinquantaine de voyous, organisés par une dizaine de caïds, faisaient régner la loi et l'ordre à leur manière, en organisant les trafics et la « protection » (achetée !) des élèves. Témoignage accablant, qui avait « ému » les sénateurs – puis calme blanc : on n'avait rien vu venir.

C'est ce que l'on appelle un collège calme, dans le jargon antiphrastique de l'Éducation nationale.

Marie a été lâchée par l'administration. « Chaque étape pour demander une mutation dans un établissement *calme*, finalement obtenue, s'est accompagnée d'une série de difficultés », raconte son avocate à *Libération*, qui a eu le mérite de suivre et de ressortir l'histoire. « Deux ans de solitude et de combat », dit-elle à Yves Calvi le vendredi 14 mars sur RTL. La rue de Grenelle a d'autres chats à fouetter (les rythmes scolaires, si primordiaux...).

Un ministère qui sous-évalue systématiquement le nombre d'«incidents» (un joli mot que je recommande à mes collègues profs de lettres pour faire comprendre à leurs élèves ce qu'est un doux euphémisme) impliquant des élèves, mais tombe à bras raccourcis sur le premier prof qui, excédé, réagirait, comme le raconte Jean-Rémi Girard, secrétaire national à la pédagogie du SNALC : «J'espère que la pensée que vous faites *le plus beau métier du monde* a des vertus sacrément cicatrisantes», conclut-il non sans humour noir, après avoir souligné qu'entre les salaires de misère, les programmes toujours plus absurdes, les pédagogies sans cesse plus inventives et les collèges sacrément «uniques», il ne faut pas trop s'étonner que l'on ait tant de mal à recruter des enseignants.

Les cicatrices au visage, cela agrémente l'affiche d'un film gentillet, quand c'est Depardieu qui s'y colle et que l'on sait bien qu'il s'agit de maquillage. Mais dans la vie réelle, quand on est une petite blonde, ça marque. À vie. Quant aux bleus à l'âme, je n'en parle même pas. Marie avait choisi d'enseigner en ZEP – «parce qu'on a l'impression d'y servir à quelque chose». «Et qu'il faut l'énergie de la jeunesse pour ce genre d'établissements.» Deux imbéciles l'en ont dégoûtée. À vie.

Fin de l'histoire, comme promis : les deux voyous, le commanditaire et l'exécutant, viennent d'être condamnés à un an de prison avec sursis. Ça les posera dans le quartier. Caïds un jour, truands toujours. Mais Christiane Taubira en sait plus long que nous sur le sujet, cela va sans dire.

Comme la loi nous l'interdit, je ne commenterai pas ce verdict, qui correspond sans doute aux habitudes de la magistrature, à la moyenne des peines prononcées à l'encontre des mineurs. Faut bien leur laisser l'occasion de recommencer/s'amender/fanfaronner (rayer les mentions inutiles).

Marie elle non plus ne critique pas ce verdict – en «espérant que la sanction les empêchera de recommencer». Vœu pieux, mais que je respecte. C'est qu'elle pense à eux comme à deux enfants perdus – à retrouver. Éternelle naïveté qui nous maintient, tous autant que nous sommes, dans ce métier fou.

Loys Bonod, dont je ne saurais trop recommander le blog[10] et qui a fait une passionnante analyse des « francs succès des concours de l'enseignement », me rappelle au passage que la France est classée par PISA, au rayon Discipline, 58e sur 64. Belle performance. Jusqu'où ne descendrons-nous pas ? Les violences contre les enseignants ou contre le personnel d'encadrement, c'est tous les jours, et pas seulement en Seine-Saint-Denis. Tout le monde sait, dans l'Éducation, que les chiffres officiels sont fortement minorés, ne serait-ce que parce que les responsables des établissements sont loin, très loin de déclarer tous les actes délictueux qui se déroulent chez eux, parce qu'ils ne veulent pas souffrir d'une image négative qui pourrait entraver leur carrière. Mais, selon les propres chiffres du ministère, les violences physiques arrivent en tête, devant les violences verbales. Et ce sont bien les enseignants qui en sont majoritairement victimes – pas les élèves.

Mais tout va bien : l'Observatoire de la violence et Éric Debarbieux, l'un de ces insubmersibles promu au ministère par Luc Chatel et confirmé par Vincent Peillon (qui n'a pas rencontré Marie), veillent à rassurer les foules : « Les actes graves ne sont pas aussi répandus que l'on pourrait le croire, assure-t-il. L'école n'est pas à feu et à sang. L'enquête que j'ai menée en 2012 en Seine-Saint-Denis, qui n'est pas le département le plus simple de France, le montre. »

J'allais le dire.

Politique du lubrifiant. Cela doit mettre du baume au cœur de Marie, à qui deux petites frappes ont ôté à tout jamais le goût d'enseigner aux plus déshérités la culture sur laquelle ils crachent. Que des victimes se muent en bourreaux n'est pas une nouveauté. Que l'institution les protège, non plus. Mais nous n'avons pas de raison de l'accepter.

Action/réaction. Nous avons cru qu'investir quelques fifrelins dans l'éducation prioritaire nous vaudrait des indulgences.

10 http://www.laviemoderne.net/

Mais la première violence, la violence initiale, n'est-ce pas celle d'un système éducatif qui a cru, pour des raisons économiques et idéologiques, et contre toutes les réalités de terrain, que créer des ghettos scolaires dans des ghettos sociaux était une idée lumineuse ; que la pédagogie de l'élève au centre, ce merveilleux petit être pas barbare du tout, était une innovation positive ; que la politique du collège unique, qui n'a plus d'unique que l'homogénéité quasi absolue du laisser-faire et du laisser-aller, était une trouvaille positive ?

À cette violence fondatrice d'un système aberrant répond la violence des jeunes, et de leurs parents, qui ne sont jamais en reste. « Imbéciles, c'est pour vous que je meurs », a lâché Valentin Feldman – un prof lui aussi – en 1942 aux miliciens qui le fusillaient. Eh bien, ces petits imbéciles devraient le savoir : c'est pour eux que des profs sont chaque jour méprisés, insultés ou frappés. Pour eux, et pour personne d'autre. Des profs qui s'accrochent à leur métier, même quand l'institution leur ferme la porte au nez et que le ministre gèle leurs salaires. Des profs qui espèrent encore transmettre une culture et une langue, qui espèrent mettre un visage humain sur la face des barbares et leur bâtir un avenir. Boulot de chien – mais c'est le leur, et c'est le mien.

ENGAGEZ-VOUS, RENGAGEZ-VOUS...

Le ministère de l'Éducation finance cette année quelques clips ineptes[11] pour inciter les jeunes à se faire enseignants. Aucun ne correspond à la réalité de la profession : les mutations par exemple ne sont pas ce que l'on vous dit, elles sont le règne de l'arbitraire et du désespoir, et la gestion de la violence ordinaire ne se fait pas en claquant des doigts. Ils n'évoquent pas plus ce qui est à la source de l'intérêt passionné que je porte à ce métier depuis quarante ans. Pendant ce temps, un institut féru de statistiques nous apprend qu'enseignant est le métier qui fait le plus horreur aux demandeurs d'emploi.

Comment ? Malgré les vacances, malgré tout ce que le Café du Commerce dit de l'attractivité de ce métier de paresseux, malgré les salaires faramineux ! Pensez, 1500 euros nets par mois au terme de cinq ou six ans d'études complexes pour avoir le droit d'enseigner au fin fond d'un département hostile dans deux ou trois établissements distants de quelques dizaines de kilomètres à des élèves peu motivés dotés de parents agressifs...

Sinécure !

Eh bien, non. Les chômeurs préfèrent, de loin, être conducteurs de locomotive... Quitte à rêver comme des gosses, ils ne fantasment guère sur le tableau noir ni le tableau interactif. (J'ai jadis pensé que certains pouvaient avoir un intérêt personnel

---

11 http://www.dailymotion.com/video/x19ai2y_pierre-plouzennec-professeur-d-histoire_school#from=embediframe

à imposer le renouvellement du parc informatique et autres joujoux inutiles et dispendieux, mais non, c'est par bêtise et conviction qu'ils croient qu'un ordinateur peut remplacer un maître.) Ils ne rêvent pas sur les classes surchargées ni sur les programmes simultanément ambitieux et incohérents, et que l'on n'est pas près de récrire, alors que c'était la priorité des priorités.

Ils ne rêvent pas sur ce qui était le cœur du métier, la transmission des savoirs, parce qu'on a vidé ce cœur et que l'on envisage très sérieusement de le remplacer par une mécanique « curriculaire » (*sic* !) qui mettra les « compétences » de l'élève au centre du système. Non, ils ne rêvent plus sur « le plus beau métier du monde », parce que les apprentis sorciers de la pédagogie en ont fait un repoussoir, à force d'imposer aux futurs enseignants leurs lubies et leurs incompétences.

De ce désamour, je ne veux pour preuve que la raréfaction des candidatures dans les concours de recrutement. Dans certaines disciplines, il y a aujourd'hui plus de postes offerts que de candidats. Les jurys n'osent même pas les affecter tous sur les postes, tant le niveau est parfois bas. Particulièrement en sciences. Marian Balastre, sur l'excellent site Skhole, analyse en détail les chiffres, l'évolution du taux de candidatures sur les quinze dernières années (90% de candidats en moins, pour un nombre de postes globalement constant), et pointe une évidence : « Les candidats eux-mêmes n'ont plus soit le niveau, soit l'attrait pour la transmission d'une discipline académique ; en échange, l'idéologie pédagogiste de la gestion éducative des compétences des élèves, qui se développe actuellement pour pallier la ruine du modèle transmissif, n'attire évidemment pas les "cerveaux", les étudiants cultivés et ambitieux intellectuellement. »

Encore fallait-il le dire. Quand une profession peine à faire le plein, ce n'est pas dans les élites qu'elle recrute. Et comme l'avoue sous cape le ministère, qui fait pourtant de son mieux pour anéantir le dernier secteur qui marche, c'est dans les classes prépas que l'on trouve les derniers vrais spécialistes.

J'imagine que Vincent Peillon a payé fort cher les « consultants » (un mot qui commence mal) qui ont imaginé cette effarante campagne de promotion. Ce n'est pas dans ses propres services, actuellement occupés à se déchirer entre eux, et quelle que soit la compétence réelle de certaines petites mains de la DGESCO, que l'étincelle surgira pour faire des spots publicitaires convaincants. Mais j'aurais voulu faire à Benoît Hamon, qui lui a succédé, et à tous ceux qui viendront coller leur photo dans le grand escalier de la rue de Grenelle, quelques suggestions susceptibles de produire chez les étudiants en herbe l'ambition d'entrer dans la carrière professorale.

D'abord, ne pas mentir au départ sur les taux effectifs de recrutement. À quoi bon lancer des étudiants dans des études de philo (qui ne débouchent que sur l'enseignement), alors que cette discipline, qui n'existe par définition qu'en terminale, n'offre pas grand nombre d'opportunités ? Autant imposer un numerus clausus réaliste. Cela allégera d'autant les cours, en les peuplant d'étudiants motivés, et non de fantômes – *spooks*, dit le héros malheureux de Philip Roth dans *La tache* – venus s'inscrire pour bénéficier de la Sécu étudiante.

Ensuite, quitte à prévoir (c'est gouverner, n'est-ce pas...), réinstaurer le système des IPES, qui dans les années 1960 garantissait (sur concours) un traitement mensuel minimum aux candidats au professorat, en fin de L1 ou de L2, en échange d'un engagement décennal à servir l'Éducation nationale. Cela vaudra mieux que toutes les bourses, toujours insuffisantes et attribuées sur des critères sociaux opaques. Les ambitieux pauvres – j'en fus – auront à cœur de le réussir, au lieu de se voir proposer une béquille insuffisante pour avoir le droit d'occuper un siège en université. Le mérite reconnu vaut toujours mieux que le saupoudrage de charité.

Sur ce plan, cesser de se voiler la face et admettre que les enseignants français sont parmi les plus mal payés de l'UE – moitié moins, en moyenne, que leurs confrères allemands ou luxembourgeois par exemple. Les syndicats disent tout haut qu'ils n'admettront pas un gel du point d'indice pour la cinquième année consécutive. Ils se cachent derrière leur petit doigt : il faut augmenter les traitements de départ de 50%. Je dis bien les traitements, et pas un absurde système de primes qui ne se retrouveront point dans le calcul, in fine, de la retraite. Mais nous n'avons pas d'argent ! Ah, oui ? C'est pour ça que vous changez le parc informatique tous les deux ans, pour rien ? C'est pour ça que vous payez les conseillers du ministre plus de 10 000 euros par mois, sans compter une foultitude d'administratifs de tout poil, qui font des rapports sur les gens qui font des rapports... Des profs et des élèves : cela suffit.

C'est là l'aspect matériel, mais il n'est pas négligeable, dans un monde où être, c'est avoir, et où l'on évalue les gens à l'aune de ce qu'ils gagnent. Demandez donc aux élèves ce qu'ils pensent d'un enseignant qui s'échine pour 1500 euros par mois. On déplore la féminisation du métier ? Ma foi, on méprisera moins des enseignantes qui gagneront au départ 2300 euros par mois.

Mais surtout, le grand surtout, c'est dans les programmes et dans la pédagogie qu'il faut sévir – et ça, c'est une réforme qui ne coûterait rien, sinon la peine de la promulguer. Redonner aux enfants le goût de l'étude, c'est parler à leurs passions, et non à leur raison, qui est encore en construction. Un pédagogue doit fasciner, ou il n'est bon à rien. Dans quelque matière que ce soit. Et il fascinera d'abord par sa maîtrise de ce qu'il enseigne. La formation des maîtres ne peut se résumer à trois recettes de pédagogie assénées par des pseudo-spécialistes en « sciences de l'éducation », qui ont imposé aux étudiants de passer sous les fourches caudines des masters « professionnels » au lieu de chercher à approfondir leurs savoirs fondamentaux : les gourous du pédagogisme croient manifestement que l'on est suffisamment bon en maths avec un petit niveau licence. Enseigner ne consiste pas à maîtriser les programmes, mais à en savoir dix fois, cent fois plus. La formation des maîtres doit procéder essentiellement d'une immense culture disciplinaire.

Et d'une exigence maintenue. Le SNUIpp, engagé dans une réflexion sur les programmes du primaire qui vise à massacrer les programmes de 2008, souhaite reporter à plus tard (aux calendes grecques, sans doute) certaines notions que Xavier Darcos avait souhaité voir enseignées en CP : nous voici au retour de l'apprentissage de la division en CM2. Ça arrangera certainement le « curriculum » des gosses. « Toujours moins », telle est leur devise. À croire que non seulement ce ne sont plus les meilleurs étudiants qui se font enseignants, mais ce ne sont pas les meilleurs enseignants qui se font syndicalistes. Pas dans le primaire, en tout cas.

Ah, j'oubliais : il est urgent de confier la formation pratique des enseignants, après leur recrutement, à leurs pairs, et aux meilleurs d'entre eux, et non à des administratifs ou à des obsédés de schémas pédagogiques collés arbitrairement sur des élèves qui ne leur ont rien fait. Le problème n'est pas les rythmes scolaires, mais le contenu de la scolarité. Et je n'échangerai jamais un cours de français ou de maths contre deux heures de danse folklorique. L'aménagement des rythmes scolaires version Peillon est un rêve de bobo parisien ignorant des réalités du terrain. Et la charge que ces divertissements imposés fait désormais peser sur les finances locales a contribué aussi certainement dans le choix des électeurs aux municipales. Surtout dans les communes les plus pauvres : les socialistes ont le chic pour se brouiller avec les pauvres. Sans doute parce qu'il y a beau temps qu'ils ne le sont plus eux-mêmes.

Ce ne sont que des pistes, bien entendu, mais leur mise en application pourrait être rapide, si l'on s'abstenait enfin de convoquer, dès qu'il s'agit de changer une virgule dans un décret, une commission ad hoc peuplée des indispensables incompétents qui sévissent depuis trente ans.

ET DU CÔTÉ DE L'UNIVERSITÉ...

Geneviève Fioraso aime Proust, dit-elle. Mais sa récente loi sur les universités permet désormais (et recommande même) de l'enseigner en anglais – pardon, *in english*. Plus de *Temps retrouvé* mais, au choix, *The Past recaptured*, *Time regained* ou *Finding Time again* : si c'est ainsi qu'elle traite ceux qu'elle aime, que fait-elle à ceux qu'elle déteste ?

Parlez-vous franglais ? demandait il y a quarante ans le regretté Etiemble. Grâce au PS, nous savons désormais ce qu'est le progrès : ce qu'un grand universitaire mettait à l'interrogatif (angoissé) en 1964 est passé à l'affirmatif en 2013.

Nicolas Sarkozy s'était déconsidéré jadis en une phrase malheureuse sur *La princesse de Clèves*. Mais au moins, tout américanophile qu'il fût, il ne préconisait pas de traduire en globish – le nom nouveau du babélien que dénonçait jadis Etiemble – le roman de Madame de Lafayette. Devrons-nous, comme on l'a fait il y a sept ans pour la malheureuse amante du duc de Nemours, organiser des lectures publiques (ou clandestines) de *Remembrance of things past* ou de *In search of lost time* – *in french in the text* ?

Le français utilisé dans les universités françaises n'attirerait pas, paraît-il, « les étudiants de pays émergents comme la Corée du Sud et l'Inde. Et nous nous retrouverons à cinq à discuter de Proust autour d'une table », a déclaré madame Fioraso. Comme l'a très bien remarqué Antoine Compagnon dans *Libération*, la Corée du Sud sera contente d'être classée dans les pays émergents.

Mais Madame Fioraso ne fait ni tache ni exception : elle appartient à un gouvernement dont le chef pense que la Macédoine s'appelle la Macédonie, et que les Japonais tués dans un site gazier algérien sont chinois. Sait-elle seulement assez d'anglais pour reconnaître, derrière l'énigmatique titre *Cities of the plain*, le *Sodome et Gomorrhe* de Proust ? Sait-elle qu'un colloque Proust attire non pas cinq mais cinq cents personnes qui, anglaises ou javanaises, parlent de *La recherche* en français, avec ou sans accent ? En fait, que sait-elle ?

Les étrangers qui viennent étudier chez nous veulent apprendre le français, la culture française, la séduction à la française, et les mots pour le dire. Pas pour avaler un succédané de ce qu'ils ont à la maison. Ils viennent pour la part d'excellence qui nous reste, pas pour se noyer dans le flux médiocre d'une pensée normalisée, mondialisée, un prêt-à-penser aussi insipide que le prêt-à-vomir de chez McDo.

Tout cela ne serait qu'anecdotes si l'on ne flairait, dans ce gouvernement plus encore que dans le précédent, un mépris global pour la culture telle qu'elle s'enseigne, et pour la langue telle qu'elle devrait se parler. Est-ce un hasard s'il n'y a aucun(e) littéraire au cabinet du ministre de l'Enseignement supérieur (qui préfère se faire appeler « la » ministre, les fautes de français caressent sans doute les féministes dans le sens du poil) ? Quand on prêche l'enseignement de l'ignorance, comme disait jadis si justement Jean-Claude Michéa, c'est que l'on a une idée derrière la tête. Et cette idée, c'est que plus personne, à terme, ne décrypte *Albertine disparue*, pardon : *The Sweat Cheat gone*.

Le PS (et à vrai dire, l'UMP de Nicolas « casse-toi, pauv' con » Sarkozy n'est pas en reste) a horreur du français (écrivez le mot comme vous l'entendez, avec ou sans majuscule, tout est vrai dans cette exécration de ce qui nous a constitués, nous, héritiers de Montaigne et de Mallarmé), horreur de la culture, horreur de tout ce qui n'est pas étroitement économique – et l'économie parle anglais.

Autre détail, mais le diable est dans les détails : Geneviève Fioraso veut faciliter, prétend-elle, l'accès aux études supérieures des moins fortunés ; mais elle choisit d'imposer aux élèves de classes prépas, y compris scientifiques, ce dernier refuge des bons élèves, de quelque milieu qu'ils viennent, le paiement de droits d'inscription dans une université qu'ils ne fréquentent pas. Et ce n'est pas rien : au minimum 460 euros si on prend en compte la Sécurité sociale étudiante, ce qui fera entrer 9 millions d'euros dans les caisses de l'État. Byzance !

On m'objectera que les étudiants vraiment pauvres sont boursiers et ne paient pas de droits d'inscription, que cette décision ne taxe que les riches, bien fait pour eux, bla-bla-bla... Mais un couple de fonctionnaires très moyens n'a pas accès aux bourses, et ce qu'ils gagnent leur permet tout juste d'acheter les livres de classe de leurs enfants – qui ne sont pas gratuits dans le supérieur. Ce ne sont plus les riches que l'on ponctionne aujourd'hui, mais les classes moyennes, éternelles vaches à lait d'un PS convaincu qu'en tapant sur ceux qui composaient jadis son fonds électoral, à commencer par les enseignants, ils continueront à voter pour lui : d'aucuns n'ont rien compris à ce qui s'est passé en 2002, ni rien prévu de ce qui se passera en 2017. Et du côté de l'université…

Par ailleurs, les classes prépas sont, à court terme, incitées à se fondre dans les universités, qui sont si bien des gages d'excellence qu'elles apparaissent à peine, et fort mal placées, dans le dernier classement de Shanghai – que Geneviève Fioraso critique à haute voix, mais dont elle se soucie fort. En France, nous n'avons pas de pétrole, mais nous avons une idée, et une seule : détruire ce qui fonctionne, et pour des raisons strictement idéologiques. Les prépas sont le dernier refuge de l'excellence systématique, de l'élitisme bien compris, le dernier lieu qui permet de hausser les élèves au plus haut de ce qu'ils valent. En assommant aujourd'hui les prépas, ce n'est plus seulement Mozart qu'on assassine, ce sont les cadres du prochain demi-siècle que l'on stérilise.

Peu importe : nous les importerons de Chine...

Il est au passage curieux que ce soit le ministre de l'Enseignement supérieur qui décide d'éradiquer à terme les classes préparatoires, sises dans des *lycées*, et que Vincent Peillon s'abîme dans un profond silence... On savait déjà que la rue de Grenelle commençait et finissait à Bercy. Dorénavant, il faudra également penser qu'elle se confond avec la rue Descartes. Mais tout cela, c'était la cuisine interne de l'Éducation – un domaine dont les Français se soucient assez peu, malgré l'urgence. Les enseignants sont trop payés, trop choyés, trop considérés, trop privilégiés, c'est bien connu.

Dois-je rappeler à la gauche que tant des siens furent par le passé de vrais intellectuels – et de bons élèves ? Que Blum avait publié dans sa jeunesse un *Stendhal et le beylisme* qui rappelle que l'intelligence est la condition nécessaire du bonheur ? Que les khâgnes et les Écoles normales supérieures (dont sortait Blum, justement) furent longtemps le laboratoire des minorités agissantes ? Mais d'où sortent les conseillers de Geneviève Fioraso ? Un seul d'entre eux est titulaire du CAPES, aucun apparemment n'a fréquenté l'agrégation. Après tout, on ne méprise bien que ce que l'on ne connaît pas.

Last but not least, comme il faut désormais s'habituer à dire : cette année, je travaillerai (avec mes prépas...) sur *Un amour de Swann*. Et savez-vous comment les Anglo-Américains appellent ce livre, Madame *le* ministre ? Eh bien, *Un amour de Swann*, tout simplement. Ils viennent à nous quand vous prétendez aller à eux.

DU GENRE, DU SEXE ET DE LA SEXUALITÉ

Éducation ? Instruction ? Le débat remonte (au moins) à Condorcet et aux révolutionnaires. Il n'avait pas été clairement tranché (si je puis dire...) à l'époque, Condorcet affectant toute l'éducation aux familles, mais Rabaut Saint-Étienne proclamant en décembre 1792 devant la Convention : « Il faut distinguer l'instruction publique de l'éducation nationale. L'instruction publique éclaire et exerce l'esprit ; l'éducation nationale doit former le cœur ; la première doit donner des lumières et la seconde des vertus ; l'instruction publique est le partage de quelques-uns ; l'éducation nationale est l'aliment nécessaire à tous. »

On pensait surtout éducation *citoyenne*, à l'époque. On ne savait pas, qu'un jour, il serait question d'éducation sexuelle à l'école.

Les fariboles sur le « genre » avancées par quelques illuminés (voir l'hallucinante interview de Farida Belghoul sur une chaîne – Oumma TV – qui est une pure émanation de ce que l'Islam fait de plus sectaire, pour ne pas dire plus) ont fait du sexe enseigné à l'école un sujet de premier plan, alors que les fondamentalistes de tout poil feraient mieux de revendiquer un apprentissage systématique du lire-écrire-compter-savoir. Voyons donc ce qu'il en est dans les faits.

La loi (en pratique, la circulaire du 17 février 2003, signée Jean-Paul de Gaudemar, sous le ministériat rue de Grenelle de François Fillon) impose aux enseignants et aux chefs d'établissement d'organiser chaque année, à chaque niveau, au minimum « trois séances d'information et d'éducation à la sexualité », en choisissant des modalités différentes, bien entendu, selon les cycles : en primaire, par exemple, on recommande d'intégrer cette réflexion « dans le cadre des enseignements », mais « au collège et au lycée, ces séances sont prises en charge par une équipe de personnes volontaires, constituée avec un souci de pluralité, associant autant que possible, dans la logique du projet d'établissement, enseignants et personnels d'éducation, sociaux et de santé, formés à cet effet », tout en soulignant qu'il « peut être toutefois recommandé de privilégier le recours à des intervenants issus d'associations ayant reçu l'agrément, national ou académique, prévu par le décret du 6 novembre 1992 » – c'était Jack Lang qui officiait à l'époque. Comme on le voit, les recommandations (le détail est disponible sur le site Eduscol) sont équitablement partagées entre gauche et droite, chacun ayant pris ses responsabilités et enfourché ses dadas.

Personne de bon sens ne niera qu'est nécessaire, et même indispensable, une information scientifique de bon niveau sur la reproduction (et si possible la non-reproduction, parce que je ne suis pas favorable à ce que des gamines tombent enceintes, même si elles croient que cela leur donnera, pendant quelques mois, un statut particulier). De même, sur les MST : contrairement à ce que certains croient, on n'en a pas fini, ni avec le sida ni avec toutes sortes d'infections à effet immédiat et à conséquences graves, à terme. On verrait même une inquiétante recrudescence de ces dernières.

Et si les profs de SVT, pour tout un tas de raisons qui tiennent parfois simplement à la féminisation de la profession, hésitent à montrer comment on enfile un préservatif sur une banane (« ah bon, madame, on peut faire un enfant avec une banane ? »), je conçois que des gens qualifiés les remplacent, ponctuellement. Si cela permet de réduire le nombre (trop élevé) de jeunes filles qui viennent en urgence se faire administrer la pilule du lendemain par les infirmières scolaires, qui en ont le pouvoir en toute confidentialité, ce sera aussi bien.

La polémique, bien sûr, n'est pas née de cette information nécessaire mais des craintes des uns et de la désinformation systématique des autres. Et la spirale des on-dit sur ce qui se passe effectivement en classe finit par disqualifier l'enseignement le plus indispensable. Si demain, sous prétexte qu'il faut épargner la pudeur des jeunes salafistes ou des ultra-catholiques, l'une d'entre elles tombe enceinte ou se retrouve malade, le vrai responsable sera celle ou celui qui aura fait interdire à l'école une information salutaire, par peur (fantasmée) de dérapages.

Évidemment, ces cours ne seraient pas nécessaires si l'information passait par les familles. Mais cela, il ne faut pas trop y compter. Non seulement parce que bien des familles ne sont pas à l'aise pour expliquer que Dumbo n'a pas été apporté à son éléphante de mère par une cigogne chantante mais aussi parce que bien des adolescents n'ont aucune envie que leurs parents se mêlent de leur sexualité. Ils se confient bien plus aisément à quelqu'un d'extérieur au cercle familial qu'à leurs géniteurs, surtout si ces derniers poussent les hauts cris dès que l'on a l'air de se soucier de sexe. Sans doute ont-ils trouvé leurs fils dans les choux et leurs filles dans les roses.

Et qu'ils ne s'inquiètent pas : les jeunes n'ont pas besoin de cours pour se masturber. Admettons, si l'on veut, que certains spécialistes interrogés les déculpabilisent sur ce point. Sans doute ont-ils lu *Libres enfants de Summerhill*, où A. S. Neill, grand inspirateur des pédagogies modernes prônées par les conseillers de Vincent Peillon et pas mal d'autres, faisait découler de la répression de la masturbation toutes sortes de névroses, à commencer par la haine de l'école. Ces mêmes jeunes, lorsqu'ils sont homos (et ils le sentent bien avant que leurs parents ne s'en inquiètent), ont besoin de réponses – jamais l'école ne leur suggèrera de l'être, s'ils ne le sont pas. Personne, d'ailleurs, n'est capable d'influencer le genre, comme on dit désormais.

Mais l'école (et les gens qui y officient : enseignants, personnels médicaux ou membres d'organisations dûment reconnues) peut éviter de graves angoisses à des gamins/gamines hanté(e)s de poncifs et de stéréotypes transmis le plus souvent par leur entourage. Si la ligne Azur empêche un jeune de se suicider parce qu'il se sent différent et rejeté, c'est toujours ça de gagné. Et les associations qui veulent aujourd'hui, parce que le gouvernement est faible, que le ministère retire son agrément à cet organisme sous prétexte que ses analyses seraient incitatives (?) ignorent manifestement tout du problème. Ils devraient parler à leurs enfants, de temps en temps.

Mais il est loin d'être commode de parler de sexualité à des enfants ou à des adolescents. Et si ça ne l'est pas, c'est aussi parce que les interrogations des élèves, contrairement à ce que croient leurs géniteurs, sont rarement anodines. La diffusion massive de la pornographie via Internet produit bien plus de questions et de traumatismes qu'elle n'apporte de réponses. J'ai écrit, il y a deux ans, un petit livre sur le sujet[12], pour expliquer combien la pornographie détruisait, au moment même où elle était censée se construire, l'image que l'adolescent avait de lui-même et des autres. Les statistiques les plus récentes confirment les chiffres que j'avançais à l'époque : près de 25% des garçons post-adolescents ont de sérieux problèmes sexuels, et on comprend bien qu'à cet âge ce n'est pas pour des raisons mécaniques. Si les parents ne font pas le boulot (et nombreux sont ceux qui ne le font pas), qui le fera, hors l'école ? Faut-il compter sur les copains, jamais en retard d'un poncif ou d'une rumeur ?

Ce qui nous amène à une évidence : on ne parle pas assez de sexe, au fond, à l'école – ne serait-ce que parce que la société ne parle que de ça, et en parle mal. Non seulement il faut informer (et nos arrière-grands-pères, qui ne l'étaient pas, transmettaient allègrement à leurs épouses la syphilis glanée dans les bordels – qu'ils ne fréquentaient pas, bien entendu), mais il faut faire réfléchir : l'information sexuelle ne doit pas être limitée aux profs de SVT, mais être conçue globalement. Après tout, un cours de lettres ou de philo amène souvent, via les textes les plus beaux de la littérature ou les idées les plus communes,

12 Jean-Paul Brighelli, *La société pornographique*, François Bourin éditeur, 2012.

donc, les plus ardues, à repenser le sentiment, à expliquer Éros, à décomplexer les cœurs en bouton.

Ce doit être l'objet d'un vrai travail collectif. C'est déjà le cas, via les Conseils d'établissement (où les parents d'élèves sont abondamment représentés, et c'est à eux aussi de s'informer, à partir du moment où ils sont élus) qui sont à même de dresser la liste des organisations autorisées à intervenir dans le collège ou le lycée. Telle sera jugée (souvent) trop militante pour venir faire son laïus à des élèves qui constituent nécessairement un public captif, telle autre, qui pratique à grande échelle la distribution de préservatifs (à quoi bon, des distributeurs sont installés un peu partout), sera jugée importune – c'est une question d'appréciation. Si le chef d'établissement est doué pour la communication (et il doit l'être), tout se passera harmonieusement. Et cela évitera, comme il arrive, de plier devant les diktats de telle ou telle « communauté », qui voit dans le refus passionné de toute information sur la sexualité l'occasion d'avancer encore un pion ou deux.

Ce sont des choses qui arrivent même en fac. À Aix-en-Provence, récemment, des étudiantes musulmanes boycottaient systématiquement un cours sur *Pauliska ou la perversité moderne*, un roman noir de Reveroni Saint-Cyr, plein de souterrains sous le Danube et de frêles jeunes femmes soumises. « Perversité » sonnait sans doute désagréablement à leurs oreilles chastes – forcément chastes. Lisez-le, vous verrez. L'étape suivante, ce sera l'interdiction des *Malheurs de Sophie* : il est à peine concevable que quelque bon apôtre ne s'en soit pas encore indigné.

En vérité, je le dis aux parents : inutile de croire, comme le profèrent des individus dont l'agenda réel n'a rien à voir avec l'école, que les enseignants sont des « instituteurs immoraux », comme disait Sade. Ils font leur métier avec conscience, et ils le font de leur mieux. Et il serait sain qu'on le leur laisse faire.

LE GENRE ET LA LANGUE

Arte a diffusé en 2014 un fort intéressant documentaire sur une initiative suédoise pour inventer un nouveau pronom intermédiaire entre « il » (*han* en suédois) et « elle » (*hon*) : le « *hen* ». Il y était question de la vie ordinaire d'une classe de maternelle à Stockholm, avec petits garçons sommés de s'habiller en filles, et interdiction faite aux filles de s'habiller en rose. Tout cela pour combattre le « genre », qui est, comme chacun sait depuis que nous avons lu Simone de Beauvoir (à qui l'on fait dire beaucoup de choses, surtout depuis qu'elle ne peut plus les rectifier), une construction sociale, et non une donnée génétique.

Que l'on ne s'y trompe pas : les Suédois ne sont pas des illuminés, ils sont membres à part entière de l'Europe, et ils savent peser sur les décisions de Bruxelles.

Loin de moi l'idée cependant qu'il y aurait un complot organisé pour déconstruire l'identité (principalement l'identité masculine, cause de tant de maux...). Les initiatives prises çà et là par les jusqu'au-boutistes de la théorie du genre ne doivent pas être le petit doigt qui cache la forêt : il n'y a pas de conspiration pour imposer dans les écoles une nouvelle norme sexuelle. Toutefois, je n'exclus pas qu'il y ait une tentation de déconstruction.

D'abord, parce que la déconstruction est à la mode depuis une trentaine d'années sur les campus américains – et que tout ce qui vient d'Amérique est bon, comme chacun sait. Ensuite, parce que bien en peine d'inventer une nouvelle pédagogie, après l'effondrement des mythes constructivistes («l'élève construit lui-même ses propres savoirs», comme disait la loi Jospin de 1989), certains pédagogues enfourchent aujourd'hui le cheval du genre pour imposer dans les ESPE un regard nouveau sur le sexe des anges.

Qu'on me comprenne bien. Si des classes entières ont été prises en otages pour aller voir *Tomboy* depuis un an, ce n'est pas parce qu'il y aurait une volonté d'inciter les petites filles à se conduire comme des garçons. (Le film, qui ne manque pas d'intelligence, est d'ailleurs plus ambigu que cela.) C'est parce que la sortie scolaire, comme je l'expliquais déjà dans *La fabrique du crétin*, est devenue le must des pédagogies actives à la mode: on veut sortir de l'école (ou du collège) à tout prix. Tout faire, sauf du français ou des maths, ou de l'histoire-géographie. Le mou remplace le dur. La sortie scolaire systématique est à la pédagogie ce qu'un certain hamburger est à la gastronomie: une récession dans l'infantile.

De même, l'observation réfléchie de la langue (l'ORL, cela ne s'invente pas!) est la base théorique de l'enseignement de la grammaire aujourd'hui: elle présuppose que l'élève retrouve par lui-même les règles grammaticales à partir d'exemples précis, au lieu d'apprendre les règles, elle est le grand fourre-tout idéologique qui permet de produire chaque année une nouvelle génération d'illettrés. Voir les excellentes analyses – déjà anciennes, mais malheureusement toujours d'actualité – de l'association Sauver les lettres[13].

Inventer un troisième pronom de troisième personne, comme le tentent aujourd'hui les Suédois, est une manœuvre supplémentaire de déconstruction de la langue – et nous sommes normés par la langue. Il est infiniment plus grave de ne pas apprendre la grammaire de façon cohérente que d'emmener des élèves au cinéma: nous habitons notre langue, elle est le cadre

13 http://www.sauv.net/gramcit.php

de notre pensée, et sans maîtrise de la langue, il n'y a plus de pensée. Ce à quoi visent peu ou prou les programmes scolaires depuis quinze ans, comme je le rappelais en introduction.

Que nous n'ayons pas pris garde à cette dérive instaurée de façon volontaire à la fin des années 1990 tient entre autres à l'incompétence notoire des divers ministres de l'Éducation, qui, à part Xavier Darcos (qui s'est efforcé de rectifier les programmes du primaire, au grand dam du syndicat qui y est majoritaire), ne connaissaient rien à ce qui se fait réellement en classe, et n'en connaissaient pas plus en partant. La question des rythmes scolaires, à cet égard, ne fait pas exception à la règle : Vincent Peillon s'est laissé convaincre par quelques écervelés qu'ajouter deux heures par semaine de divertissements imposés était une idée lumineuse, alors qu'il fallait urgemment rattraper les heures de cours perdues (des centaines en fait quand on additionne primaire et collège).

Alors, aller voir tel ou tel film, subir tel ou tel discours idéologique, cela ne compte pas, au regard des apprentissages nécessaires – et d'autant plus nécessaires que les élèves ne sont pas socialement favorisés. Rien d'étonnant que ce soit dans les « quartiers » que les appels au boycott de Farida Belghoul sont le mieux entendus, mais là encore les familles se trompent de cible : ce sont des heures en plus qu'elles devraient demander, au lieu de retirer leurs enfants d'un système qui ne leur apprendra pas à devenir homosexuels. Toutes les analyses récentes sur la sexualité démontrent que le chiffre d'homos est stable, autour de 3%, et qu'on ne devient pas homosexuel, on l'est, comme on est homme ou femme... Et tout le reste est fariboles.

J'ai hésité avant d'apporter ma contribution à la polémique artificielle lancée par Farida Belghoul et relayée par tout ce que la France compte d'ignorants, d'obscurantistes et de polémistes intéressés. On n'enseigne dans les écoles ni la masturbation, ni l'homosexualité, ni cette fumeuse théorie du genre inventée il y a quelques années par des extrémistes imbéciles sur quelques campus américains, pour avoir mal lu *Le deuxième sexe*. Des universitaires ont pris les devants pour nier ces dérives imaginaires.

Cependant, la rumeur enfle, portée par les médias, qui, comme dans l'affaire Dieudonné, cherchent du sensationnel là où il n'y avait à l'origine que des spéculations sans fondement limitées à leurs proférateurs. Comme disait le regretté Reiser, nous vivons une époque formidable, et la société du spectacle parvient, d'une semaine sur l'autre, à nous faire oublier le chômage qui grimpe et le pouvoir d'achat qui chute avec les fantaisies d'un humoriste, la goujaterie d'un conducteur de Vespa, et aujourd'hui l'angoisse de parents turcs ou maghrébins mal informés.

Il serait pourtant un peu court de rejeter sur le dur désir de délire un phénomène qui prend feu avec cette rapidité. Il y a chaque jour sur la Toile des milliers de rumeurs qui ne «prennent» pas: pourquoi celle-là a-t-elle couru si vite?

Partons des faits: peu avant les élections présidentielles, en 2011, Najat Vallaud-Belkacem a installé elle-même les bases de la future rumeur, sans être bien prise au sérieux à l'époque. On ignorait encore qu'elle serait la voix du gouvernement et l'arbitre des droits des femmes, qui en général ne lui demandaient rien: «La théorie du genre, qui explique *l'identité sexuelle* des individus autant par le contexte socioculturel que par la biologie, a pour vertu d'aborder la question des inadmissibles inégalités persistantes entre les hommes et les femmes ou encore de l'homosexualité, et de faire œuvre de pédagogie sur ces sujets.»

En dehors du fait que c'est un charabia inaudible pour quiconque n'est pas sociologue de gauche (pléonasme?), il s'agissait alors de contrer un tout petit groupe de députés qui pensaient de leur devoir de légiférer sur le contenu des manuels scolaires. Prétention délicate: si chaque élu avait un pouvoir d'intervention sur ce qui s'enseigne en classe en fonction des desiderata de son électorat, chacun supprimant ce qui choque tel ou tel, on en arriverait vite à censurer les axiomes d'Euclide. C'est ainsi que, pour complaire aux élus républicains, une majorité d'enseignants américains n'enseigne pas les théories de Darwin. *God bless America.*

La future ministre aurait-elle pu être moins maladroite ? À l'aune de ses performances ultérieures, qui n'en douterait ?

Quoi qu'il en soit, ce n'est pas sur sa politique économique que le gouvernement se fait houspiller : c'est sur les questions « sociétales », comme on dit quand on a décidé de ne pas parler français. Sur le mariage gay, la PMA, la prostitution interdite et toute cette épidémie de « moraline », comme disait Nietzsche, qui s'abat sur l'Hexagone hollandiste. La France des bobos parisiano-parisiens impose son idéologie molle, qui produit, par contrecoup, des réactions dures tout aussi peu pensées.

Ce qu'il faut voir, derrière cette polémique stérile mais qui fait des enfants, ce sont les forces actives.

Que quelques enseignants (sur 850 000) aient pu, un jour, avoir une réflexion un peu provocatrice au détour d'un cours, j'en conviens ; que le ministère ait cru bon d'inscrire *Tomboy*, ce film gentillet, dans son dispositif École et cinéma n'a fait que relancer une polémique dont nous voyons aujourd'hui l'extension. Non : les raisons des rumeurs actuelles sont bien plus profondes. Elles sont, à proprement parler, pédagogiques.

J'ai appris récemment, par un article d'un survivant (Luc Cédelle, pour ne pas le nommer) du défunt *Monde de l'éducation*, que j'étais partiellement responsable des dérives extrémistes actuelles : prêcher le retour d'un enseignement cohérent, privilégier l'instruction sur l'éducation (qui est, répétons-le, du strict ressort des familles, comme l'avait signalé Condorcet il y a plus de deux siècles), bref, vouloir le retour de la République à l'École, voilà, paraît-il, le terreau sur lequel prospèrent les affirmations les plus folles. Très honoré. Amalgamez, il en restera toujours quelque chose.

Alors, puisque je suis perdu de réputation dans le clan de ceux qui ont tant contribué à faire de l'École ce qu'elle est aujourd'hui, autant expliquer les choses posément.

On n'apprend pas la citoyenneté en la prêchant, pas plus que l'on n'apprend l'égalité des sexes sous la contrainte, ou en l'inscrivant dans les programmes, comme le font les ABCD de l'égalité prêchés par Vincent Peillon et oubliés par son successeur. On apprend qu'une femme vaut bien un homme, et souvent mieux, en lisant les œuvres de Marguerite de Navarre ou de Louise Labé, de Mme de Staël ou de Simone de Beauvoir (qui n'a pas eu besoin de cours citoyens sur l'égalité des sexes pour réussir l'agrégation de philosophie à 21 ans) et en sachant ce qu'a réalisé Marie Curie. Plutôt que des ABCD, on ferait mieux de commencer par le b.a.-ba. On manipule déjà moins bien des gens qui savent vraiment lire.

L'égalité ne se décrète pas, elle ne s'enseigne pas in abstracto en dehors des exemples qui la prônent. On sait que l'enseignement de la Shoah, parce qu'il ne s'inscrit pas dans une continuité historique, finit par générer le contraire de ce que l'on croyait pouvoir raisonnablement en attendre. Un génocide rabâché attise les haines plus qu'il ne promeut l'antiracisme. Sans parler de tous ces événements sanglants plus ou moins ignorés des programmes, qui nourrissent le communautarisme moderne, attisé par l'idée toute pédagogiste qu'il faut désormais « respecter » chaque particularisme, et que chaque opinion a la même valeur que la parole du maître. Les petits Turcs installés en France ont le droit de savoir ce que leurs arrière-grands-parents ont fait aux Arméniens en 1915-1916, les descendants d'Algériens ont le droit de savoir ce que le FLN a fait aux Harkis. Et la « parole » de protestation de gosses incultes, émanation directe des « on-dit » familiaux et de haines recuites, n'a aucune valeur ! Plutôt que d'écouter les objections tonitruantes des uns et des autres, il faut savoir faire taire l'ignorance. Obtenir le silence, en classe, au lieu de cette rumeur qui sert de bruit de fond à trop de cours, c'est l'obtenir deux fois : dans l'espace-classe et dans les esprits. Si l'instruction a un objet central, c'est la transmission des vrais savoirs et l'élimination des clichés, quand bien même c'est en famille qu'ils seraient nés.

Le Café pédagogique, cette émanation directe du pédagogisme qui a si bien démantelé l'école de la République, et qui bénéficie de toute l'attention et des crédits généreux du ministre, en conclut que les enseignants discriminent les enfants d'origine étrangère[14]. Alors que l'enseignement que ces idéologues ont mis en place perpétue, de toute évidence, la misère culturelle de tous les enfants arrivés sans bagages. Alors que le « respect » des particularismes et des fanatismes, l'abandon de toute discipline stricte au profit d'une « compréhension » délétère, produit la violence que l'on croyait éradiquer avec de la « compréhension » : c'est si vrai que le lycée de Firminy, dans la Loire, a fini par réagir aux « incivilités » des sauvageons – et que lesdits sauvageons sont carrément devenus sauvages, assurés qu'ils sont de l'impunité[15].

Ce n'est pas en passant la main dans le dos des barbares qu'on les civilise : c'est en leur enseignant la civilisation, et en pratiquant la tolérance zéro envers ceux qui refusent l'école. Gaston Kelman[16], en son temps, s'indignait de ces institutrices tout juste issues de l'IUFM voisin, qui reléguaient ses enfants, parce qu'ils étaient métis, dans la case « Africain », « tam-tam » et « palabres ». À grand renfort de clichés et de bons sentiments, qui ont remplacé les coups de fouet du Code noir.

Le racisme consiste à voir l'autre a priori comme différent, à l'encourager à s'enfoncer lui-même dans cette différence. À ce titre, le pédagogisme béat qui sévit aujourd'hui dans l'école, c'est le retour hypocrite du « Y'a bon Banania ». On en voit les effets tous les jours, et la croyance idiote à la dénaturation des sexes à l'école n'en est qu'une preuve de plus. À force de donner la parole à ceux qui n'ont rien à dire, à force de ménager chaque lobby qui se croit autorisé à proférer des énormités, on finit par entendre des slogans que l'on croyait enterrés, la coalition de tous les fondamentalismes bat le pavé et on ressort les vieilles lunes racistes. Carton plein.

---

14 http://www.cafepedagogique.net/lexpresso/Pages/2014/01/310120 14Article635267502137214438.aspx

15 http://www.leprogres.fr/loire/2014/01/30/incivilites-au-lycee-holzer-a-firminy-droit-de-retrait-des-professeurs

16 *Je suis noir et je n'aime pas le manioc*, Max Milo éditions, 2003.

Ce n'est pas en martelant des slogans creux dans les ZEP que nous parviendrons à intégrer les enfants perdus de la République française. Et pourtant nous avons besoin d'eux, comme nous avons besoin de tous, nous enseignons pour eux comme nous enseignons pour tous : c'est en faisant du français, des maths, de l'histoire (de France !) et de la géographie, des sciences et des langues étrangères. Pas en s'auto-flagellant. L'idéologie du repentir alimente les haines. Un élève est un élève, il n'est pas maghrébin ou africain avant d'être élève. Et il n'a pas plus d'excuses que le petit Normand ou le petit Alsacien. D'ailleurs, il peut être africain et alsacien à la fois. Mais, pour un prof compétent, il n'est ni l'un ni l'autre : il est un élève.

Lui trouver des excuses, l'encourager à cultiver ses pseudo-racines, alors même qu'il est né à La Courneuve ou à Marseille XIIIe, « comprendre » qu'il bafoue le drapeau français et qu'il agresse les forces de l'ordre chaque fois que l'Algérie joue au foot, pratiquer la permissivité à grande échelle et le noter différemment sous prétexte de ses origines, voilà le vrai racisme. Et c'est ce que les gourous de l'école moderne prêchent sans discontinuer. La pédagogie vraie est un humanisme, le pédagogisme est un totalitarisme. À force de « compréhension » et de pédagogie molle, nous glissons tout doucement vers un fascisme de type nouveau, dont les bons sentiments constitueront, à terme, le soubassement de toutes les haines. On ne fait pas de littérature ni de vraie école avec de bons sentiments.

Alors, qui sont les vrais réactionnaires ? Je veux le retour de la République à l'école – pas son délitement dans je ne sais quelle démocratie qui donnerait le droit de dire des bêtises à n'importe quel illuminé. C'est à l'École de dispenser les Lumières. Sinon la nuit se fera très vite.

TERRES DE MISSION

Le 15 janvier 2014, Vincent Peillon a présenté au conseil des ministres son projet pour les ZEP, ces Zones d'Éducation Prioritaire dont les statistiques, d'année en année, nous disent qu'elles sont des zones de relégation – relégation des enseignants, envoyés à leurs débuts dans ces établissements difficiles (et c'est souvent un euphémisme) et qui, souvent, n'ont pour seul souci en tête que d'en sortir au plus vite ; relégation des élèves (20% du total des petits Français scolarisés), qui peinent de plus en plus à assimiler les connaissances de base, sans parler de rattraper leurs camarades scolarisés dans des quartiers moins sensibles.

Que propose le ministre ? Un doublement de la prime (aujourd'hui, 96 euros mensuels – le Pérou !) destinée à compenser l'épuisement physique et nerveux induit par un milieu scolaire à faible teneur d'octane, si l'on peut dire – ce qui entraîne, précisons-le à l'intention des lecteurs qui ne sont ni chimistes, ni conducteurs, ni profs, une tendance malheureuse à la détonation incontrôlée. Et deux heures de « décharge » de cours. Deux heures destinées explicitement à ce fameux travail d'équipe qui est la recette miracle de la pédagogie moderne – comme si les enseignants ne passaient pas leur temps à communiquer, à confronter leurs résultats, à se demander comment marche le petit Kevin Dugenou, le caïd de la cinquième B, à s'épauler ou à s'engueuler, parfois, ce qui revient un peu au même : on se parle beaucoup plus en ZEP que dans les lycées « classiques » de centre-ville, on se serre les coudes face au présent et clair danger.

Propositions a minima, c'est le moins que l'on puisse dire. Rien sur le nombre d'élèves par classe (répétons-le jusqu'à extinction de clavier : au-delà de 15 élèves difficiles, on ne fait plus classe sereinement). Rien sur l'évolution de carrière (la ZEP, et après ? Rester cinq ans dans un tel climat devrait valoir dix ans d'ancienneté, comme autrefois la Coopération, tant on se fait de cheveux blancs dans ces ambiances inflammables) ; le système aberrant des mutations mis en place par Claude Allègre est à revoir complètement, et le volontariat en ZEP devrait être la garantie d'une mutation à terme dans la zone souhaitée par l'enseignant.

Rien non plus sur les causes du retard pris par les élèves à leur entrée en sixième – ne peut-on vraiment pas imposer à l'école primaire les méthodes qui marchent ? Et qui marchent particulièrement avec les élèves les plus défavorisés culturellement ? En fait de promotion, le ministre promet que « quant au déroulement de carrière, le fait d'avoir exercé en éducation prioritaire constituera un critère d'éligibilité au grade à accès fonctionnel en cours de définition ». Traduction en cours...

Quel prof marchera pour 96 euros de plus par mois et deux heures de parlote ? Pas un. Cette prime qui, comme toutes les autres, n'est pas du salaire et ne sera donc pas prise en compte pour la retraite, est une aumône méprisante pour des enseignants qui s'investissent à fond dans le rattrapage des enfants perdus. J'ai été l'un d'entre eux, dix ans durant, à Corbeil-Essonnes, quartier des Tarterêts. Il y avait là – et c'est le cas dans la plupart de ces établissements difficiles – un noyau dur de 40 % d'enseignants qui restaient fermes au poste, avec une mentalité de missionnaires, et 60 % de nouveaux nommés qui ne pensaient qu'à s'éloigner de cette zone de tous les dangers et de toutes les déceptions.

Ce que les enseignants de ZEP remarquent le plus souvent, c'est l'énergie démentielle dépensée pour un résultat quasi nul, le plus souvent, et la difficulté à faire cours quand une majorité d'élèves arrivent en sixième sans réellement maîtriser lecture et écriture. Je n'y ai pas été inspecté durant toute cette période, les IPR-IG (Inspecteur pédagogique régional et Inspecteur général) ayant d'autres chats à fouetter que de se rendre dans un quartier où toute voiture étrangère était soigneusement vandalisée, et où la police intervenait d'ailleurs rarement, laissant la délinquance contrôler la délinquance.

Le Nouvel Obs, qui brille constamment d'idées originales, proposait récemment de nommer là les profs les plus expérimentés. Mais à moins de les y obliger, quelle vraisemblance que de vieux routiers déjà passés par ces classes consentent à s'y rendre à nouveau sans une incitation sérieuse ? Le ministre et son magazine préféré croient-ils qu'on attrape les mouches avec du vinaigre ? « Comme à Shanghaï », dit benoîtement l'hebdo. Et de rappeler les résultats PISA des zones asiatiques : *L'Obs*, qui préconise sans cesse les pédagogies les plus douces afin de rendre les écoliers heureux, souhaiterait-il soudain que l'on traite les petits Français comme leurs homologues chinois ? À chaque pays ses solutions et son génie propre.

Dernière proposition du ministre, la construction (quand ? avec quels crédits ?) d'internats dans les « quartiers » : ma foi, il a démantelé les internats d'excellence inventés par le gouvernement précédent (une vitrine qui sauvait quelques poignées d'élèves, mais c'était déjà ça), et, s'il est louable d'inciter ces enfants déshérités (au sens bourdieusien du terme) à s'éloigner un temps de leurs familles et de leurs quartiers, j'ai trop vu de trop près combien nombre d'entre eux étaient des soutiens de famille sans cesse sollicités par des mères débordées (et souvent célibataires) pour ne pas savoir que ce sera bien difficile de généraliser une telle mesure. La misère intellectuelle commence avec la misère tout court.

Alors, oui, les ZEP (qui ne sont pas forcément à la porte des grandes villes : il y a des ZEP rurales, ou semi-rurales, qui ne sont pas des cadeaux) ont un besoin urgent de réformes. Oui, les enseignants qui y travaillent, dos au mur, doivent y trouver leur compte et être payés en fonction de leur investissement et de leur épuisement. Oui, les postes en ZEP devraient être, comme les prépas, des « postes à profil », affectés sur la base d'un volontariat adroitement sollicité. Oui, les élèves de ZEP ont droit au même enseignement et à la même culture (la même, et non pas je ne sais quelle culture alternative) que les autres petits Français : encore faudrait-il cesser de s'illusionner sur les pédagogies alternatives, le tout-informatique (la dernière tarte à la crème de l'Éducation nationale, persuadée quand ça l'arrange qu'un écran peut remplacer un prof) ou les réunions chronophages avec les « acteurs sociaux » du coin ; et oui, ces élèves doivent impérativement être redistribués dans des classes à petits effectifs.

Sans doute le meilleur moyen d'amender certaines ZEP serait-il de les détruire et de les reconstruire ailleurs – un ailleurs aussi loin que possible des quartiers difficiles. Nous sommes nombreux à savoir tout cela. Mais nous ne sommes pas dans les petits papiers de la rue de Grenelle. Tant pis pour ces centaines de milliers d'enfants et d'adolescents laissés en jachère, malgré tous les soins d'une poignée d'enseignants qui continuent à se battre pour leurs élèves, et pas même pour la gloire : rien que par amour du travail bien fait, quand bien même on ne peut pas décemment le faire dans ces conditions-là.

ENSEIGNANTS ET PARENTS

La FCPE (Fédération des conseils de parents d'élèves, ordinairement classée à gauche) est une puissante organisation qui représente un peu moins de 2% des parents (315 000 membres revendiqués, à rapporter aux 13 millions d'élèves, soit, en gros, 20 millions de parents, en tenant compte des familles nombreuses et des familles recomposées...). N'empêche : elle a obtenu de Vincent Peillon tout ce qu'elle voulait.

Elle lui a ainsi extorqué une décision peu commentée, parce qu'elle va au fond dans le sens général de la gabegie scolaire, qui n'a pas commencé avec l'arrivée de la gauche au pouvoir : désormais, dans quelques centaines de collèges pour commencer et dans tous les autres dès que la première vague sera passée et digérée, ce seront les parents qui décideront de l'orientation de leurs enfants à la fin de la troisième.

Les métaphores valent ce qu'elles valent, mais imaginez que la décision d'opérer votre gosse de l'appendicite, ou de le renvoyer dans ses foyers, ne dépende plus du chirurgien mais de la volonté de ses géniteurs. Le fait d'être parent donne-t-il l'absolue compétence, comme le fait d'être pape donne, depuis 1870 – les papes antérieurs avaient droit à l'erreur et ne s'en sont guère privés –, l'infaillibilité ?

Ainsi donc, le décret du 7 janvier 2014 (bonne année à la FCPE, sembla dire le ministre...) précise que « lorsque les propositions [du conseil de classe] ne sont pas conformes aux demandes, le chef d'établissement ou son représentant avec le professeur principal de la classe reçoivent l'élève et ses responsables légaux afin de leur expliquer les propositions du conseil de classe, de recueillir leurs observations et de proposer un entretien avec un conseiller d'orientation psychologue dans un délai de cinq jours ouvrables. Si, au terme de ces cinq jours, le cas échéant après une nouvelle rencontre avec le chef d'établissement ou son représentant organisée à la demande de l'élève et ses responsables légaux, ces derniers maintiennent leur choix, le chef d'établissement prononce une décision d'orientation conforme à ce choix. Il en informe l'équipe éducative. »

C'est bien le moins. Le petit Kevin Dugenou, qui se tournait les pouces tout en semant le désordre et la perturbation, et auquel on avait suggéré une filière correspondant à ses capacités inexprimées, passera donc en seconde générale. Il aura donc le bac dans un avenir plus ou moins proche, et il ira conséquemment s'écraser contre le mur de la fac, comme 50% de ses petits camarades.

Comme seul le pire est toujours sûr, le *Café pédagogique*, l'organe officiel de cette pensée molle qui a inspiré la loi Jospin, les IUFM, Claude Allègre, Jack Lang et Vincent Peillon, s'interroge : ce diktat ministériel « suffit-il à assurer un réel libre choix des familles ? Aujourd'hui, en fin de troisième, 65% des élèves sont envoyés en seconde générale et technologique (GT) et 32% en seconde professionnelle ou CAP. Quelques progrès ont été réalisés depuis 1997, le taux de passage en seconde GT étant passé de 59 à 65%. Le taux de redoublement a reculé, passant de 7 à 3%. Les appels pour décision d'orientation ne concernent que très peu de cas, et les décisions finales prises contre le gré des familles sont encore plus rares. Voilà qui plaide en faveur du libre choix des familles. »

Piqûre de rappel : en cinquième et en première, qui ne sont pas des classes d'orientation, ce sont déjà les parents qui ont le dernier mot. Kevin était déjà passé en quatrième bien qu'il ne sût pas lire, ni écrire, ni compter. Désormais, les parents décideront à peu de choses près tout au long de l'instruction obligatoire.

Effet évident de la confusion, largement répandue désormais, entre instruction et éducation. Les parents ont toute leur place dans la seconde (enfin, on l'espère), mais quelle est leur compétence dans la première ? Les enseignants ne sont-ils pas les meilleurs juges, après neuf mois de fréquentation quotidienne, du niveau effectif de Kevin et de ses capacités à suivre dans tel ou tel niveau ? Ils sont même mieux au courant que ses père et mère de ses aspirations profondes : les parents souvent n'entendent pas les désirs muets de leur rejeton, obsédés qu'ils sont par des modèles extérieurs, quand ils ne voient pas dans leur progéniture l'occasion de réaliser leurs propres rêves, ou de vivre à travers lui une revanche sur des études interrompues.

Passons sur la dictature de la mode, qui amène tant de parents (et apparemment le ministre lui-même) à rejeter l'enseignement professionnel, pourtant riche de possibilités et réalisant à terme des insertions plus réussies qu'une voie générale mal vécue et mal gérée. Passons sur le fait que les parents les mieux informés des diverses filières ne sont pas forcément ceux des élèves qui ont le plus de difficultés : ce ne sont pas les parents des banlieues difficiles qui protestent le plus – d'ailleurs, on ne les voit presque jamais intervenir dans le cadre scolaire. Ce décret favorise encore une fois les géniteurs d'apprenants (comme on dit dans le langage des pédagogues) qui sont au courant des finesses du système : « Ici la rue de Grenelle, les bobos parlent aux bobos. » Passons enfin sur le fait que certaines filières professionnelles très demandées, parce que les débouchés sont nombreux (la spécialisation opticien-lunetier, par exemple), ne peuvent pas accueillir tous ceux qui postulent, par manque de places.

Le plus remarquable, dans ce décret préélectoral (mais les parents sont-ils dupes de ces caresses dans le sens du poil ?), c'est la façon dont le ministère se plie aux desiderata d'une organisation fort peu représentative, mais qui truste les sièges réservés aux parents au Conseil supérieur de l'éducation (huit sur neuf) et impose ses lubies au système scolaire. La présente décision était un vœu formulé en septembre 2012 par Jean-Jacques Hazan, alors président de la FCPE, qui demandait instamment au ministre fraîchement débarqué que les parents soient désormais seuls juges de l'orientation. Son organisation déjà interrogeait, avec sa politesse et sa mesure coutumières : « De quel droit l'Éducation nationale s'arroge-t-elle le pouvoir d'orienter les enfants ? » Et elle déclarait ne plus accepter « que l'institution impose ses choix aux élèves, alors même qu'ils sont en capacité de décider de leur avenir. Ce droit au choix existe déjà d'une certaine façon en fin de cinquième ou de première et ne pose aucun problème, pourquoi en serait-il autrement pour les autres classes ? » Les parents ont le secret du bisou magique : ils sont *donc* compétents dans le traitement de la péritonite.

Sur les forums d'enseignants, les profs (dont l'autorité sortira bien entendu renforcée d'une telle décision) ont des réactions découragées, mais ironiques – c'est tout ce qui leur reste : « Tous les élèves qui veulent avoir un bac S y ont droit. 100% des élèves qui demandent à entrer en filière S y vont. Puis 100% de réussite au bac. Plan réussite à la fac, plan réussite dans les grandes écoles : tous ceux qui veulent devenir médecins y ont droit, tous ceux qui veulent entrer à l'École des ponts et chaussées aussi, et en sortent tous diplômés : pas d'ingérence indue des professeurs dans les projets des apprenants. » Et de proposer, non sans perfidie : « Ensuite, on confie la santé des responsables FCPE à des médecins ainsi choisis et formés, et on leur demande de franchir sous les caméras un pont construit par des ingénieurs du même acabit. »

Une ironie qui ne fera pas plaisir au nouveau président de la FCPE, Paul Raoult. Mais il s'en fiche : il a le ministre pour lui et, grâce à lui, une augmentation d'un tiers de la subvention généreusement accordée à son groupe de pression : en 2012, la FCPE a reçu une subvention de 333 000 euros ; en 2013, cette subvention a été portée à 480 000 euros. Une augmentation qui, selon Vincent Peillon, correspond à un rattrapage par rapport au précédent quinquennat. L'idée que ce coup de pouce (et un peu plus) soit pour quelque chose dans l'attitude si positive de la FCPE sur la délicate question des rythmes scolaires a effleuré la tête de quelques journalistes mal pensants et de quelques enseignants rétifs au lobbying de l'Incompétence.

Cette fois, en passant ce décret démagogique, Peillon a acheté sans doute le vote des représentants des parents dans les diverses instances qui s'occupent de réorganiser l'éducation. Et, à terme, sans doute espérait-il la reconnaissance des parents, qui sont aussi des électeurs, aux municipales et aux européennes.

C'est probablement ce qui lui a valu, dans le grand Sud-Est, de récolter à peu près la moitié (12,89%) des voix qui sont allées au Front national (24,04%) ou à l'UMP (20,18%). Stratégie payante. Les parents seraient-ils moins bêtes qu'il ne le pensait ?

Pour ce qui est de l'intérêt des élèves, qui est, faut-il le rappeler, le souci constant des enseignants, on verra plus tard. Aux calendes grecques.

MÉTHODES DE LECTURE ET FRACTURE SOCIALE

On connaît le début de la première *Catilinaire* de Cicéron : « *Quo usque tandem abutere, Catilina, patientia nostra ? Quam diu etiam furor iste tuus nos eludet ? Quem ad finem sese effrenata iactabit audacia ?* » — ou, si l'on préfère éviter le pédantisme de la citation latine : « Jusques à quand abuseras-tu de notre patience, Catilina ? Combien de temps encore serons-nous le jouet de ta fureur ? Jusqu'où s'emportera ton audace effrénée ? » (trad. M. Nisard, 1848). Remplacez *Catilina* par le nom de qui vous plaira, ministres incompétents, syndicalistes bornés ou pédagogues fous qui effectivement abusent de notre patience – en particulier dans le domaine de l'apprentissage de la lecture.

Chaque publication PISA est l'occasion de grands effets de manche, puis de décisions creuses et vaines. Le fossé s'élargit chaque jour davantage entre les 10% d'élèves qui bénéficient d'un environnement familial qui les met à l'abri des pédagogies aventureuses – ceux que Bourdieu appelait jadis les héritiers –, et les 30% d'écoliers déshérités dès l'enfance. En l'état, comme l'a prouvé avec humour Franck Lepage, les méthodes d'apprentissage (et en particulier d'apprentissage de la lecture) majoritairement en usage dans les classes n'ont aucune chance de permettre aux plus démunis de rattraper les autres, qui ne les attendent pas pour progresser eux-mêmes.

Alors que faire, comme disait Vladimir Oulianov ?

Dans un récent article du *Monde*, Stanislas Dehaene, professeur de psychologie cognitive au Collège de France, s'étonne et s'indigne que nous nous obstinions à enseigner la lecture avec des méthodes qui ont fait la preuve de leur nocivité, alors même que nous disposons d'outils qui font chaque jour la preuve de leur efficacité. Et de rappeler qu'un sociologue, Jérôme Deauvieau, a récemment pris la peine d'aller voir dans les départements de la petite couronne – ceux dont on parle d'ordinaire dans la rubrique Faits divers – comment on apprend à lire aux petits Français, en particulier avec quels manuels. Et Stanislas Dehaene de constater qu'« en 2013, 77% des enseignants des zones défavorisées choisissent toujours un manuel de lecture inapproprié, qui fait appel à une méthode mixte, c'est-à-dire où l'enfant passe un temps considérable à des exercices de lecture globale et de devinettes de mots qu'il n'a jamais appris à décoder. » Et de s'étonner que « l'Éducation nationale refuse encore de recommander à ses enseignants les meilleurs manuels. »

Seraient-ils naïfs, au Collège de France ?

En résumé, 5% (!) des instituteurs de la zone concernée utilisent des manuels qui commencent par le décodage systématique – et ils obtiennent les meilleurs résultats. Les autres, formés dans des IUFM, continuent à user de manuels qui perpétuent les inégalités de départ, et persistent à enseigner l'ignorance.

Peut-être faudrait-il expliquer à M. Dehaene le poids des conservatismes pédagogiques, le poids surtout des certitudes idéologiques : les méthodes semi-globales, ou idéovisuelles, seraient plus « démocratiques », les méthodes alpha-syllabiques seraient plus « élitistes » – nous verrons combien ce mot est pris en mauvaise part dans un ministère (et je ne vise pas seulement Vincent Peillon : à part un court intermède Darcos, c'est le cas rue de Grenelle depuis deux décennies) et un système qui ont fait de la médiocrité la base et l'apex de leur réflexion.

Je ne suis pas un grand enthousiaste, en général, de ceux qui pensent que l'enseignement est une science. C'est pour moi un artisanat, et, dans quelques rares cas (ces enseignants remarquables qui nous ont particulièrement marqués), un art. Et ce n'est certainement pas la croyance magique en un éden pédagogique issu des technologies de l'information qui me fera changer d'avis.

Mais l'apprentissage de la lecture est un territoire balisé. Nous savons ce qui marche, et nous connaissons les dégâts de ce qui ne marche pas : nous en constatons tous les jours l'incidence, lorsque arrivent en sixième, de l'aveu même du ministère, 17% d'élèves analphabètes, et 40% de mauvais lecteurs, qui fournissent les 160 000 « décrocheurs » de fin troisième dont on feint aujourd'hui de s'occuper, alors qu'on les a consciencieusement bousillés au départ.

Gilles de Robien a jadis tenté d'imposer *une* méthode de lecture : la tentative a fait long feu, faute de s'appuyer sur une volonté ministérielle ferme, capable de renverser l'autorité des cancres mis au pouvoir de longue date dans l'Éducation nationale, et surtout faute de promouvoir, avec toute l'autorité de l'État, cette poignée de livres qui donnent de vrais résultats.

Je parlerai plus loin des manuels édités par le GRIP, et vilipendés par le ministère. J'y ajouterai quelques titres, comme *Lire avec Léo et Léa*, tous inspirés des mêmes principes (et il est parfaitement inutile de brandir la *Méthode Boscher* comme d'autres jadis agitaient le Petit Livre rouge : nous avons des instruments plus modernes pour décortiquer le code). Répétons-le encore et encore : ce n'est que par un apprentissage préalable systématique du code linguistique qui structure les mots que l'on fabrique des lecteurs-scripteurs de qualité. Pas autrement.

Les États-Unis, après nous avoir inondés, depuis la fin des années 1950, de théories pédagogiques fumeuses, ont récemment tenté de redresser la barre, et y sont parvenus. Voir par exemple le travail de Joseph Torgesen et les résultats spectaculaires obtenus par la Floride, un État qui subissait de front le contrecoup d'une immigration latino-américaine pour laquelle les pédagogies institutionnelles ne donnaient rien. Que des républicains, aux USA, se soient penchés sur l'apprentissage de la lecture et aient obtenu des résultats spectaculaires découragera certainement les pédagogues qui croient que tout ce qui est de droite, en matière d'éducation, est forcément entaché de nullité.

Il est temps d'en finir avec les clivages idéologiques et le prêt-à-penser d'une certaine gauche : si nous voulons réellement apprendre à lire à *tous* les enfants (*No child left behind* est un beau slogan, qui a séduit à la fois républicains et démocrates, un exploit sous Bush), il faut imposer les méthodes qui marchent. Les imposer avec autorité, en les faisant connaître aux postulants au « plus beau métier du monde », en les diffusant largement, en les couvrant de l'autorité de l'État.

Aucune chance que cela arrive. Les solutions sont à portée de main, et le ministère persiste à demander leur avis aux syndicalistes du SNUipp et à ces pédagogues responsables de la plus grande épidémie d'ignorance jamais enregistrée en France. C'est à eux qu'il confie les clés des ESPE, qui forment les futurs professeurs des écoles. Pendant ce temps, il agite les bras, en affirmant qu'il se saisit à bras-le-corps du problème des décrocheurs. Comme si on ne les avait pas fabriqués, dans un système qui croit qu'en répétant une erreur, on peut en améliorer le résultat – la définition même de la folie, cette *furor* dont parlait Cicéron tout à l'heure. Ma foi, tant qu'il se prendra pour un moulin, le ministre et ses affidés trouveront sur leur route quelques Don Quichotte. Et je prends le risque – ils en rêvent, m'a-t-on récemment fait savoir – d'être envoyé à terre par tous les Catilina de la rue de Grenelle.

LES FONDAMENTAUX LIRE, ÉCRIRE, COMPTER

Passons sur le fait que la demi-journée regagnée dans le primaire sera malheureusement consacrée à la danse bretonne dans l'Ouest et à la célébration du félibrige dans le Sud-Est, voire à des activités encore plus ludico-citoyennes... Nous aurions tous préféré que ces heures heureusement reconquises soient consacrées, comme les autres, à l'acquisition du lire-écrire-compter, à la connaissance de l'histoire et de la géographie et à la maîtrise de savoirs scientifiques qui dépassent un peu l'art de plonger la main dans la pâte à crêpes.

N'empêche... Le ministre tient, dit-il, à ce que les fondamentaux soient à nouveau au cœur des apprentissages à l'école primaire. Il serait temps : aux dernières nouvelles, de 17% (estimation optimiste) à 19% (estimation réaliste) des entrants en sixième ne maîtrisent pas lecture, rédaction et calcul. À tel point qu'au printemps 2012, un sondage révélait que près des trois quarts des Français étaient favorables au retour du vieil examen d'entrée en sixième. Une idée vite reprise par Jean-François Copé, qui ne disposait décidément pas de bons conseillers en matière d'éducation. Et que ferait-on de ceux qui ne réussiraient pas ? On les noie comme des chatons – alors même que l'on ne noie plus les chatons ?

Non : la solution, c'est que tous ceux qui peuvent apprendre à lire, écrire et compter entre 4 et 11 ans, c'est-à-dire la quasi-totalité des enfants, maîtrisent effectivement la lecture, l'écriture et le calcul. Mais, pour cela, encore faudrait-il qu'on le leur apprenne correctement.

Et justement, certains – bien plus savants que moi, de vrais spécialistes du primaire – se sont penchés sur la question. Par exemple les membres du GRIP.

Qu'est-ce que le GRIP ? Le Groupe de Réflexion Interdisciplinaire sur les Programmes. Son président est un éminent mathématicien, Jean-Pierre Demailly, professeur à l'université de Grenoble, membre de l'Académie des sciences. Mais les soutiers sont des instituteurs – des vrais. De ceux qui, conformément à l'étymologie du mot, vous apprennent à vous tenir, à penser et à écrire droit. Par exemple Catherine Huby, institutrice dans la Drôme provençale, à qui Luc Cédelle, longtemps infatigable défenseur, dans *Le Monde*, des pédagogies qui ne marchent pas et s'y obstinent, a fini par ouvrir ses colonnes, en s'extasiant de ce qu'une pédagogue qui ne pense pas comme ses amis arrive à des résultats aussi stupéfiants – et universels.

Après des années de lutte contre les dérives des pédagogies constructivistes (qui prétendent que les enfants construisent seuls leurs propres savoirs, comme Pascal a retrouvé tout seul les 12 premiers principes d'Euclide – ceux qui ne sont pas Pascal attendront, et effectivement ils attendent), le GRIP a rassemblé ses forces vives et édité des manuels d'apprentissage, pour les petits, les tout-petits et les plus grands, dont l'efficacité est si évidente qu'aujourd'hui 35 instituteurs de grande section n'attendent que le feu vert et l'habilitation du ministère pour se lancer dans une expérimentation en grand.

Parce que les méthodes mises au point par le GRIP permettent d'apprendre à lire/écrire (les deux opérations sont indissociables) à des enfants qui ne se sont pas encore assis en cours préparatoire. Il n'est jamais trop tôt pour faire bien, jamais trop tard pour faire mieux. Si tous les enfants de CP savaient lire, ils consacreraient plus de temps à d'autres apprentissages – et ainsi de suite. On se refilerait, de classe en classe, des élèves doués et souriants au lieu de se repasser des cancres-malgré-eux.

Mais pour que le GRIP fonctionne, pour qu'il continue à éditer les livres merveilleux qui consacrent ses méthodes, il lui faut quelques crédits de fonctionnement – que ce soit sous la forme de subventions brutes ou de décharges de service. Au total, entre 50 000 et 70 000 euros par an : une paille dans un ministère qui aura brassé, en 2013, 64 milliards d'euros.

Ces crédits, il les a obtenus sous le ministère Darcos, le dernier ministre à avoir pris la mesure de ce que l'innovation pédagogique peut, pour un coût minime, apporter aux enfants de la République. Au prix de quelques contorsions, et sous la pression amicale d'une bande de journalistes désintéressés et de polémistes enfin conciliants, Luc Chatel (ou son cabinet, ce qui revient au même) a pérennisé cet effort microscopique et nécessaire.

Mais avec Vincent Peillon, rien ne va plus. Au moment même où le GRIP peut promouvoir ses premiers ouvrages[17], où il dépasse le petit cercle des spécialistes et des combattants de la première heure, où même au SNUIpp il se trouve des enseignants qui reconnaissent la valeur de son travail et de ses publications, le ministère étrangle financièrement – pour une poignée d'euros, 10 000 octroyés contre 70 000 nécessaires – l'une des très rares associations qui ne vise pas à s'auto-promouvoir ou à pérenniser les méthodes qui fabriquent dysorthographie, dyscalculie et dyslexie, tous produits des pratiques qui sont à la source du délitement rapide de l'école française.

Que devrait faire le GRIP ? Quêter au Qatar, comme tant d'autres ? Plaider sa cause auprès des mathématiciens chinois ? S'exiler à Singapour, cette minuscule enclave dont les résultats époustouflent les pays de l'OCDE ?

---

17 Thierry Venot, *De l'écoute des sons à la lecture* ; Catherine Huby-Sophie Wiktor, *Se repérer, compter et calculer en grande section* ; Catherine Huby, *Écrire et lire au CP* (3 volumes) ; Muriel Strupiechonski, *Mon CP avec Papyrus* ; Pascal Dupré, *Compter/Calculer au CP* ; Muriel Strupiechonski, Didier Glad, *Écrire/Analyser au CE1* ; Catherine Huby, Pascal Dupré, *Compter/Calculer au CE1*. Pour le moment, le reste de la série est en expérimentation (parce que voilà des livres que l'on essaie avant de les lancer, ce que ne font jamais les éditeurs classiques) et est téléchargeable sur le site du GRIP. Le GRIP lance aussi une collection « Formation » avec un *Précis d'enseignement de la grammaire* de Cécile Revéret et une *Maternelle* de Catherine Huby – parus en juin 2014.

Allons, Monsieur le Ministre, un petit mouvement, juste un petit mouvement. Au moins, celui de recevoir ceux qui se battent pour que nos enfants – et les tiens, et les vôtres – arrivent en sixième avec un bagage suffisant pour continuer de vraies études. Le ministère claque des sommes folles dans des organismes fumeux qui ont sa faveur pour d'obscures raisons idéologiques – inutile de les nommer. Il faut alimenter le petit ruisseau qui demain sera grande rivière. Pardon pour la métaphore, si conventionnelle, mais je n'en vois pas d'autre pour dire l'espoir qui nous anime, et le désespoir qui menace.

VOUS AVEZ DIT PISA ?

Ébahissement général : nos collégiens, à 15 ans, ne maîtrisent pas grand-chose. La France coule au fond du classement PISA, mais creuse encore. Effarement, colère du ministre, les journalistes, anxieux, interrogent tous les experts, ils vont jusqu'à ranimer Philippe Meirieu, le pape de la pédagogie constructiviste, que l'on croyait englouti corps et biens dans la débâcle d'EELV, dont il inspire la ligne pédagogique.

Il faudrait être sérieux et cohérent : ce ne sont pas les Cassandre qui ont manqué. En 2004, Marc Le Bris publiait, prophétique : *Et vos enfants ne sauront plus lire ni compter* – nous y voici, nous y voilà. En 2005, Natacha Polony sortait *Nos enfants gâchés* – au moment même où votre serviteur écrivait *La fabrique du crétin*. Tir groupé, et ça ne s'est pas arrêté là. Nous savions, et toute la France savait.

Les seuls qui ne savaient pas, qui ne voulaient pas savoir, c'étaient les ministres successifs, ou plus exactement leurs administrations. Un ministre ne fait rien contre l'avis de ses bureaux, de cette foule de conseillers où la médiocrité le dispute à l'incapacité. Et installés au ministère, dans les rectorats, dans l'Inspection générale, par les gouvernements successifs depuis les années 1980, les complices du mauvais coup porté à l'école de la République prospéraient.

Les adolescents aujourd'hui testés par PISA sont nés à la fin des années 1990. Ils sont arrivés au monde quand la gauche revenait au pouvoir. Joli coup. Jospin avait promulgué en 1989 (que pensent les mânes de Condorcet de cet affront infligé à l'école qu'il avait voulu construire en pleine célébration du bicentenaire de la Révolution ?) une loi qui plaçait l'élève « au centre du système ». Peu de temps après, il inventait les IUFM, sur les conseils avisés de Philippe Meirieu. Mettons cinq ou six ans pour former une nouvelle génération de maîtres imbus des principes constructivistes... Et une fois revenu au pouvoir (1997), Jospin a imposé, via Allègre d'abord puis Jack Lang ensuite, les billevesées dont s'inspirait sa loi. Fin de partie, comme dirait Beckett.

Petit résumé à l'usage des lecteurs non initiés à la novlangue des Big Brothers de l'éducation. Dans la pensée constructiviste, qui a régné sans partage de 1997 à aujourd'hui (non, j'exagère : quelques instituteurs ont renoncé à Satan dans l'intervalle), l'enfant construit seul ses propres savoirs, chacun a les capacités d'un petit Pascal, retrouvant tout seul, à 10 ans, les douze premiers principes d'Euclide. Tous géniaux ! Le maître est à son écoute, il ne faut pas contraindre l'enfant à absorber des savoirs qui lui seraient étrangers, lui qui par définition ne sait rien. Comme c'est merveilleux, un enfant qui ne sait rien et qui en reste là...

Désolé d'avoir l'air d'en revenir aux calendes grecques. Les élèves testés par PISA ont été nourris de ces calembredaines. Le plus étonnant, c'est qu'il en reste quelques-uns qui répondent avec pertinence... Les gamins d'aujourd'hui seront testés dans dix ans. Et il y a fort à parier que, sous réserve que l'on n'aura pas la chance d'avoir rue de Grenelle un ministre compétent, ils seront encore plus dégradés que les cobayes du dernier test.

Mais justement, clament les imbéciles, le scandale est bien là ! Quelques-uns sont plus savants (ils le sont même de plus en plus, tant l'écart s'accroît entre 5% de gosses correctement nourris de savoir et 20% de malheureux sous-alimentés), et tant d'autres en savent de moins en moins ! Quelques-uns, sales filles et fils de bourgeois (il y a dans le lot quelques individus qui parviennent à se hisser dans les filières les plus avantageuses – mais il leur en faut, du génie !) avalent encore des savoirs variés. Surtout quand la famille veille au grain et, de devoirs du soir en voyages linguistiques, les gave consciencieusement.

Je n'utilise pas cette métaphore alimentaire au hasard. Toutes les statistiques – et l'observation de tous les jours – tendent à démontrer que les classes (c'est marrant, hein, le double sens social et pédagogique de ce mot) les moins favorisées économiquement sont moins favorisées pédagogiquement. Que les 18% d'analphabètes à l'entrée en sixième, qui forment le gros de la troupe des 160 000 élèves qui sortent, fin troisième, du système scolaire sans rien dans les mains ni dans la tête, et, à terme, rien dans la poche, sont issus des milieux les plus défavorisés, immigrés ou non : quand on est pauvre, on est pauvre avant d'être quoi que ce soit d'autre.

Mais il arrive alors que l'on se raccroche à des identités de substitution : l'ignorance entretenue en classe fait le lit des extrémismes. Les ignorants incendient les bibliothèques – Victor Hugo a écrit sur le sujet un poème saisissant.

Mais comment se fait-ce ?

Plus on en demande à un enfant, plus il en ingurgite. Les petits Chinois, qui caracolent, comme toute l'Asie du Sud-Est, en tête des classements PISA (et, à 12 ans, taillent des croupières à nos élèves de terminale aux Olympiades de mathématiques : leur programme, à cet âge, est équivalent à celui du niveau Licence ici), sont tout à fait capables de comprendre des concepts complexes, pendant que l'on se tâte, ici, pour savoir si la division doit être commencée en CE2 ou en CM1.

Tout est question de volonté nationale – et pédagogique. Voilà bien longtemps que nous avons lâché la rampe. Les enfants qui en paient le prix le plus lourd sont ceux qui n'ont pas, à la maison, les relais indispensables que l'école n'assure plus. Il n'est pas scandaleux que des parents s'occupent de leurs enfants ! Mais il est tout à fait abominable que l'école ne s'occupe pas mieux des enfants dont les parents ne peuvent assurer la surveillance des devoirs du soir – que l'on a tendance à supprimer, au royaume du Big Brother pédago ! Tout comme les leçons sont désormais taxées de « psittacisme » – ils ont appris un mot savant, ils le ressortent dès que possible.

Oui, il faut mettre le paquet sur les enfants les plus démunis – parce qu'il n'y a pas d'enfants bêtes, il n'y a que des gosses dépossédés. Oui, il faut permettre à tous les élèves d'aller au plus haut de leurs capacités ! Et ce n'est pas en confinant les plus démunis dans des ghettos scolaires que l'on arrivera à redonner à des gosses aujourd'hui incités à rester sauvageons le goût de l'étude. Aujourd'hui, « intello » est l'injure suprême dans les cours de récréation des collèges les plus perdus. Aujourd'hui, les bons élèves sont harcelés par des morveux à qui l'on a fait croire qu'ils étaient des princes quand on en a fait des gueux.

Alors, que faire ? Ma foi, je serais assez partisan du *school busing*, tel qu'il a été pratiqué aux États-Unis pour les Noirs à la fin de la ségrégation : amenons les enfants des cités (ou des communes rurales pauvres) dans des établissements sérieux, sur la base de la tolérance zéro. Comme je serais partisan d'une remise à plat de la formation des maîtres : Vincent Peillon a recyclé, dans les ESPE, tous les bras cassés des IUFM, et on laisse Philippe Meirieu affirmer sur France Inter que tout est question de pédagogie, quand c'est en fait question de volonté et de transmission des savoirs.

J'entends les sociologues, brandissant Bourdieu comme autrefois les maoïstes brandissaient le Petit Livre rouge, clamer que l'école reproduit les inégalités... Primo, Bourdieu écrivait dans les années 1960 *Les héritiers*, c'est en 1964 – le Moyen Âge –, et il a écrit *La reproduction* juste après 1968 : on ne peut pas dire, constamment, que les publics ont changé et persister à se réclamer d'une étude obsolète. La bourgeoisie cherche à donner le mieux à ses enfants, et le trouve dans les grands lycées de centre-ville, ou dans des écoles privées de qualité. Qui le lui reprocherait ? Le prolétariat (hé, les idéologues du PS, savez-vous au moins qu'il existe toujours un prolétariat, et qu'à force de l'abandonner aux pédagogues fous, ce prolétariat ne vote plus pour vous ?) fait aussi ce qu'il peut. Mais il ne peut pas grand-chose, et il confie innocemment ses enfants à des structures scolaires aberrantes.

Non que dans le détail, les collègues des écoles, des collèges ou des lycées de ZEP soient mal disposés : ils prodiguent des trésors d'imagination pour remettre sur les rails une population scolaire dont on nous dit par ailleurs qu'il faut la laisser s'exprimer… Mais que voulez-vous donc qu'ils expriment, à part de la violence, puisqu'on ne leur donne même pas le langage ? Ni les maths, nous dit PISA.

Les questions posées par l'enquête internationale valent ce qu'elles valent, mais le résultat est là : les politiques mises en place dans les années 1980-1990 ont largement fait la preuve de leur nocivité. Et leurs thuriféraires veulent nous faire croire que c'est parce qu'on ne les a pas totalement réalisées. Ça foire, mais c'est parce qu'on n'est pas allé au bout de l'expérimentation, que les collèges ne sont pas assez uniques, les méthodes de lecture encore trop alphabétiques, et qu'on prétend encore enseigner quelque chose au lycée.

Et que, scandale des scandales, il existe des classes prépas où 30% d'enfants défavorisés trouvent un aliment intellectuel adéquat – supprimons les prépas !

Il n'y a donc personne pour faire taire ceux qui ont ruiné et persistent à ruiner l'école de la République ?

LA FIN DE L'HISTOIRE ?

La polémique enfle à nouveau. Les programmes d'Histoire sont allégés en troisième et en terminale, et aussitôt les discours s'enflamment, les invectives volent. D'un aménagement somme toute mineur, divers polémistes tirent des conclusions radicales sur le projet global de décérébration de nos jeunes têtes blondes (ou brunes...). Les uns se font les propagandistes du tout-chronologique, les apologistes du roman national, les autres s'arc-boutent sur une conception plus critique de l'enseignement de l'Histoire. On dégaine son Lavisse, opportunément remis au goût du jour, on épluche (parfois un peu vite) les manuels aujourd'hui en usage pour y dénicher les options idéologiques d'auteurs forcément gauchistes, chacun se souvient (avec toutes les déformations générées par l'éloignement dans le temps) des belles histoires de son enfance racontées par l'Oncle Paul et par des instituteurs qui étaient encore des hussards de la République...

Le fait même que la polémique soit si vive témoigne d'abord du fait que l'Histoire est en France un sujet sensible – et qu'elle est en danger. Tout comme le manifeste laïque de Vincent Peillon, son existence en soi témoigne d'une menace. Elle implique aussi le lien très vif entre les Français et leur Histoire telle qu'elle est revisitée par l'institution scolaire. Elle suggère enfin que d'aucuns confisquent le débat, parce qu'ils ont un agenda en tête qui est plus politique que pédagogique.

Mais voilà : l'enseignement de l'Histoire a toujours été politique. Antoine Prost, historien de l'éducation, notait jadis qu'il était une « propédeutique du savoir », la première marche, à ne pas rater, qui transforme un enfant mal débroussaillé en écolier studieux, puis en Français modèle.

Nous avons – c'est la seule évidence dans un débat truqué – l'enseignement de l'Histoire correspondant à la société que nous désirons. C'est même la seule discipline qui soit chargée (et tant pis si les profs d'Histoire se croient historiens, alors que les profs de maths savent bien qu'ils ne sont pas mathématiciens, ni les littéraires écrivains, y compris votre serviteur) d'une vraie fonction messianique. L'Histoire telle qu'elle s'enseignait sous Lavisse, en pleine IIIe République triomphante, n'est plus celle de notre Ve République pourrissante. Nous avons désormais l'Histoire que nous méritons.

Un exemple, que je ne prends pas au hasard : l'enseignement de la colonisation (et de la décolonisation). Certitudes du colonisateur qui apporte la civilisation aux barbares en 1880-1930 ; émergence de la parole des colonisés après les années 1960, et culpabilisation rampante des anciens colonisés. Autant l'Histoire qui expliquait, selon le mot de Jules Ferry, qu'« il y a pour les races supérieures un droit, parce qu'il y a un devoir pour elles. Elles ont le devoir de civiliser les races inférieures... » semble aujourd'hui inaudible, autant l'Histoire qui fait de la torture le symbole de toute la colonisation paraît de parti pris – et ce parti est celui de l'étranger. Un coup d'œil sur les manuels d'Histoire japonais contemporains prouve assez que tous les pays n'ont pas forcément du goût pour l'auto-flagellation – et conséquemment que l'Histoire est un discours avant d'être une science. Un discours *ad usum delphini*, comme on dit vulgairement, et à finalité idéologique.

Quand on compare les manuels scolaires de la discipline, on aperçoit très nettement une grande fracture au début des années 1970, aussi bien dans le choix des auteurs (des profs de terrain plutôt que des inspecteurs généraux ou des universitaires) que dans la présentation : de plus en plus de documents sur lesquels on est censé faire réfléchir les élèves, de moins en moins de cours écrits – ce qui empêche lesdits élèves, avant le niveau universitaire, d'apprendre par eux-mêmes dans des ouvrages d'où désormais le dogmatisme est exclu. Les voici sommés de construire par eux-mêmes leurs propres savoirs historiques... Le Malet-Isaac était pour l'essentiel du cours : sa récente réédition en Poche ne laisse aucune place à l'illustration. On est aujourd'hui dans l'esthétique inverse, tant on a peur qu'un discours ex cathedra ne soit que de l'idéologie condensée.

Mais cette peur, qu'est-elle, sinon de l'idéologie ?

Cette fracture correspond étroitement au renversement de la perspective dans l'étude de la colonisation. Au début du XXe siècle, le colonisateur a la conscience pure, et effectivement des pans entiers de l'histoire coloniale sont gommés. On reste dans une perspective héroïque et on dresse l'hagiographie du général Bugeaud, qui n'était pas un tendre, et de son adversaire, Abd-el-Khader, qui n'était pas un doux. La conquête ressemble peu ou prou à un duel entre gentilshommes.

La guerre d'Algérie a brouillé durablement cette histoire linéaire. Dans un premier temps, on a gommé l'épisode colonial – trop présent, trop sensible. Dans mon bac 1970, aucune nouvelle de l'Algérie. Quand enfin on l'a réintégré dans l'Histoire apprise, ce fut en renversant la perspective, en installant une Histoire droits-de-l'hommiste, en fabriquant une culpabilisation générale. Un manichéisme en a remplacé un autre.

Bien sûr, il était positif d'en dire davantage sur le prétendu héroïsme des « enfumades » des années 1840. Mais il est tout aussi négatif de faire de la torture, par exemple, le ressort principal de la guerre d'Algérie. (Et *quid* du massacre des Harkis par le FLN, au passage ? Aucune guerre ne s'est jamais faite en dentelles.) Bien sûr, il était intéressant d'expliquer les mécanismes de l'esclavage au XVIIIe siècle (actuel programme de quatrième). Mais pourquoi passer sous silence l'immense responsabilité des Noirs eux-mêmes et surtout des Arabes dans l'esclavagisme, qu'il s'agisse d'alimenter la traite des navires européens ou de mettre en esclavage pour eux-mêmes des millions d'êtres humains, y compris, pour le seul XVIIIe siècle, des centaines de milliers d'Européens ? Où est-il expliqué que l'Arabie Saoudite a aboli l'esclavage en 1968, Oman en 1970, et la Mauritanie en… 1980 ? On voudrait ménager certains auditoires que l'on ne s'y prendrait pas autrement. Et la loi Taubira a scellé dans le marbre un point de vue parcellaire, sinon partisan.

Les actuels programmes, élaborés pour l'essentiel en 2008, ont une cohérence. Mais ils ont des trous, des répétitions, une perspective explicative là où peut-être le simple exposé des événements chronologiques suffirait. Ceux qui aujourd'hui hurlent (souvent de façon très exagérée) à la désinformation (on aurait ainsi sacrifié Louis XIV, Napoléon et de façon générale toute cette France héroïque qui alimenta si longtemps le roman national) ne sont pas allés voir le détail de ce qui se passe, ni surtout l'ensemble des pratiques : que n'ont-ils protesté dans les années 1990, quand l'Histoire enseignée a effectivement détruit l'idéologie des grands hommes pour la remplacer par un fourre-tout bien-pensant… Quels que soient les programmes, ce qui compte, c'est ce que l'enseignant en fait effectivement. Ce qui marque le plus, ce qui arrête le plus les enfants ou les adolescents, c'est le récit.

Mais, ajoutent alors les profs d'Histoire, le programme est trop ambitieux, et nous n'avons pas le temps de le rendre digeste. Allégeons donc...

Les tout récents aménagements sont en large partie absurdes : pourquoi supprimer tout le pan « Religion et société » des programmes de terminale quand on prétend leur faire comprendre les États-Unis ? La *Bible Belt* est gommée d'un coup de chiffon par le ministère : c'est bien dommage pour comprendre la politique de George Bush. Et il est à craindre que les grands nuisibles qui président aux destinées de certains syndicats préconisent encore d'autres coupes sombres, en primaire comme dans le secondaire, lorsque le Conseil des programmes sera en place et officiera avec ses grands ciseaux. Il faudrait s'entendre une bonne fois pour toutes sur un fil narratif précis, et s'y tenir. Les profs d'Histoire, ces dernières années, ont été sommés de s'adapter sans cesse aux lubies des divers groupes de pression qui infléchissent les programmes dans un sens ou dans l'autre.

Alors, que faire ? D'abord, en revenir de façon plus étroite à l'histoire de France, et à celle de l'Europe. L'étude du Monomotapa (en dehors du fait qu'elle permettra aux élèves de comprendre une fable de La Fontaine, *Les deux amis*, que par ailleurs ils n'étudieront jamais) dans les programmes de cinquième n'est pas une priorité. Ensuite, relativiser l'importance de tel ou tel événement ressassé. L'insistance sur les colonies (en quatrième, en troisième, et à nouveau en première) tient davantage de l'intoxication face aux « nouveaux publics », comme on dit quand on s'interdit de dire « enfants issus de l'immigration », que de l'intérêt bien compris du récit historique. J'ai du mal à comprendre qu'on aborde la Grèce en sixième, puis à nouveau en seconde, et qu'en fait la chronologie soit souvent bousculée, et surtout comporte des trous invraisemblables : on chercherait en vain dans les programmes un regard, même furtif, sur la guerre de Trente Ans qui a autant façonné l'Europe que nos récentes guerres mondiales, et en troisième on gomme allègrement l'arrivée au pouvoir des Soviets (allons, ce n'est que la Révolution russe...) pour entrer de plain-pied dans « les régimes totalitaires des années 1930 ». Lénine est mort une seconde fois.

« L'Histoire est le produit le plus dangereux que la chimie de l'intellect ait élaboré », disait avec pertinence Paul Valéry. Chacun, en fonction de ses intérêts idéologiques, s'annexe son enseignement, en se prétendant objectif. Au roman national a succédé le fantasme trans-national. Il est temps de bien former les enseignants et de leur faire confiance pour narrer une Histoire qui nous a construits.

Évidemment, cela suppose que l'on fasse taire ceux d'entre eux qui ont leur propre agenda idéologique et prétendent l'imposer. Mais cela est... une autre histoire. La liberté pédagogique pourrait enfin se décréter. Nous n'en prenons pas le chemin, tant les passions sont vives, ce qui nous amène à sourire chaque fois que des historiens se prétendent objectifs. Zhou Enlai, le Premier ministre de Mao, jugeait qu'il était un peu trop tôt – dans les années 1960 – pour dire ce que l'on pouvait penser de la Révolution française. N'est-il pas paradoxal que nous prétendions aujourd'hui réfléchir sur une Histoire récente dont les blessures sont encore à vif ? S'il y a un allègement à faire, c'est du côté de l'actualité, parce qu'une étude raisonnée du passé permettrait justement d'analyser l'actualité bien mieux qu'un débat passionnel sur le 11-Septembre. C'est par les humanités, non par la repentance ni la polémique, que l'on parvient à l'humanisme.

LES MOTS POUR LE DIRE

Comment formuler l'objet de son exécration ? Comment trouver le mot exact ? « Touche pas au grisbi, salope ! » Ah, ce « salope », quelle trouvaille ! Ah, comme Georges Lautner et Michel Audiard me manquent ! Brunetière, en 1898, trouve « intellectuels » et « intellectualisme » pour désigner Zola et sa clique dreyfusarde : de la part d'un critique littéraire, professeur à l'ENS et académicien, c'était savoureux de réfuter en un mot ce qui le faisait vivre. Pompidou, en mai-1968, compose, pour résumer l'opinion de De Gaulle et la sienne, le slogan (admirablement torché, ma foi) « La réforme, oui ; la chienlit, non ». La manifestation du 30 mai 68 et le raz-de-marée gaulliste des élections de juin sont sortis de cette formule.

Vincent Peillon, lui, c'est « conservatisme » (au pluriel, parfois) et « élitisme ». Deux gros mots, prononcés du bout des lèvres, avec cette moue insultante que le ministre affectionne : « Le conservatisme et l'élitisme sont en train de s'organiser », lâche-t-il au moment où les enseignants des classes préparatoires se battent à la fois pur préserver leurs salaires, leurs conditions de travail et, à terme, le salaire et les conditions de travail de tous leurs collègues, du premier et du second degré. Car personne ne peut croire que l'attaque au missile sur ce confetti que représentent les classes préparatoires aux grandes écoles ne soit pas un tir d'essai avant l'offensive générale sur les salaires. Les fonctionnaires, en France comme en Espagne ou en Grèce, sont une cible trop facile pour qu'on résiste à la tentation de les éparpiller façon puzzle, comme disait Raoul dans ces mêmes *Tontons flingueurs*.

Le truc, c'est d'associer « conservatisme » et « élitisme ». De faire croire qu'il y a un lien organique (puisque syntaxique) entre eux. Un peu comme si j'associais, pour caractériser Peillon, le PS et ceux qui s'en inspirent, « modernisme » et « médiocrité ».

Quoique...

« Conservatisme », ma foi, est pris en mauvaise part depuis si longtemps que j'aurais mauvaise grâce d'en défendre même l'idée. Mais si c'est être conservateur, en matière scolaire, que de vouloir que chaque élève s'élève (justement) au plus haut de ses capacités, oui, je suis conservateur, et tous les parents derrière moi. Quant à « élitisme »... Dans un monde drogué aux classements sportifs et aux performances extrêmes, pourquoi cette critique de tout ce qui permet d'aller jusqu'au bout de soi-même, et un peu au-delà ? L'élitisme, n'est-ce pas, c'est cela, et rien d'autre. Le goût du travail mieux que bien fait, cette poursuite d'un apex scolaire qui friserait la perfection, la beauté à portée de main et d'esprit.

En répugnant ainsi à l'élitisme, Vincent Peillon s'engage sur une voie dangereuse – mais malheureusement conforme à la réalité, surtout celle de son ministère. Depuis trente ans (et un peu plus) que les pédagos les plus convaincus ont fait main basse sur l'École de la République, nous assistons à l'orchestration de la médiocrité, de la pauvreté d'esprit, de l'impuissance érigée en principe. Jospin, en 1989, a fourni le cadre légal à cette exaltation de l'à-peu-près et du n'importe-quoi. Puis un réseau serré d'inspecteurs, de prophètes et de didacticiens fous a porté la bonne parole, via les IUFM, et, demain, via les ESPE version Peillon. On prend les mêmes et on enfonce le clou.

Évidemment, en fustigeant ainsi l'élitisme, on fait œuvre pie – et électorale. Les bons esprits sont, par définition, moins nombreux que les bras cassés. Dire que l'élève doit construire lui-même ses propres savoirs (même l'adulte en est parfaitement incapable, alors, la petite bête brute qu'on appelle un enfant...), c'est inciter tous ceux qui ne pensent pas à exprimer très fort leurs opinions.

Et ils ne s'en privent pas, les bougres. Il suffit de fréquenter les réseaux sociaux pour voir la bêtise s'étaler au nom de la liberté d'expression – autre principe formateur de cette même loi criminelle de juillet 89 : pour le bicentenaire des Droits de l'Homme, Jospin a sacralisé les droits immortels de la bêtise satisfaite (pléonasme, n'est-ce pas…), du poncif érigé en vertu, de l'horreur pédagogique institutionnelle. La liberté d'expression est le concept inventé par les insuffisants mentaux pour s'arroger le pouvoir – le pouvoir de dire, déjà, puis le pouvoir tout court, au nom de la « démocratie », qui se révèle désormais pour ce qu'elle était dès le départ : la perversion de la République. Voir Montesquieu.

Le succès de cette perversion de la démocratie ne prouve en rien sa légitimité, et on ne cesse d'être impotent, ou faible d'esprit, sous prétexte qu'on est plusieurs.

Mais c'est à eux que doit logiquement s'adresser un ministre qui cherche à rester populaire. En stigmatisant les profs de prépas, Vincent Peillon a cherché à semer dans le corps enseignant des germes de division, d'autant plus facilement qu'en ces temps de restrictions financières (cela fait quatre ans que l'on n'a pas revalorisé le point d'indice, cela fait quinze ans que Claude Allègre, le modèle de Peillon, a arbitrairement baissé de 17% la rémunération des heures sup), on joue sur du velours en désignant à la vindicte populaire ceux qui gagnent un peu mieux leur vie. Et au passage, on dévie le regard de ceux qui la gagnent beaucoup mieux. Toute attaque frontale sur les classes intermédiaires est toujours un moyen de protéger les classes supérieures. Et je ne suis pas sûr que l'ennemi réel de ceux qui veulent éreinter les profs les mieux payés soit… la finance, comme disait – qui, déjà ?

Je crois pourtant que cette tentative de division démagogique fera long feu. D'abord parce que les prépas sont le premier étage de la fusée – et que d'autres mesures suivront, et que l'on n'attrape pas les mouches avec de bonnes paroles. Les profs de ZEP, soi-disant bénéficiaires des allègements de revenus (20%, quand même) infligés à leurs collègues de CPGE, verront leur feuille de salaire augmentée de 8 euros (si !). Splendide ! Inespéré ! Merci, not' bon maît' !

J'ai enseigné 12 ans en ZEP. Je sais ce que cela signifie de tension nerveuse, de peur parfois, d'espoirs déçus, et de volonté de faire progresser des enfants arrivés en lambeaux que l'on doit recoller sans plus de moyens que les autres. Je sais aussi que la rémunération est à des années-lumière de ce qu'elle devrait être, et que ce n'est pas 8 euros qui achèteront la conscience malheureuse d'enseignants confinés dans des établissements-poubelles. La « refondation » de l'École, dont le ministre se gargarise tous les quatre matins, aurait dû – aurait pu – se concentrer sur les programmes et sur la redistribution intelligente des 64 milliards d'euros de budget de la rue de Grenelle.

Mais d'intelligence, nous l'avons bien compris, il n'en est pas question. Ce n'est pas populaire, l'intelligence, surtout auprès de tous les imbéciles dont la marque infaillible est justement de se croire intelligents, qu'ils soient ministres, membres du SGEN ou de l'UNSA, ou piliers de bistrots. Non, ce qui est populaire, c'est la mise au pilori des « élites ».

En brisant les prépas aujourd'hui, les grandes écoles demain, Peillon suggère fortement aux élites d'aller se faire voir ailleurs – par exemple à Londres où Paris-Dauphine vient d'installer une antenne payante. Ou faut-il désormais écrire « peillante », tant les décisions du ministre ont pour effet immédiat (l'a-t-il pensé seulement ?) de libéraliser encore un peu plus un système auquel la droite n'avait pas vraiment touché ? Détruire dans l'École ce qui marche le mieux, ne plus donner de but aux élèves qui, au collège et au lycée, se décarcassent, et aux profs qui les forment, contre vents, marées, sinistres et ministres, c'est inciter à multiplier les structures privées, que seuls pourront s'offrir ceux qui déjà se les offrent. Peillon, c'est Bourdieu réhabilité, les héritiers au pouvoir, la reproduction bien en place. Tout ça en prétendant faire le contraire : mais le contraire, justement, ce sont les prépas, et ceux qui les alimentent, de l'école primaire au lycée.

Alors oui, si le « conservatisme » et « l'élitisme » consistent à croire encore que l'on n'a pas besoin d'avoir une cuiller en argent dans la bouche pour accéder aux formations les meilleures et aux emplois rémunérateurs, oui, je suis conservateur et élitiste – et les autres sont des crapules.

DARWIN SELON PEILLON

On connaît l'histoire du « brigand bien aimé », Jesse James, qui se prenait pour Robin des Bois et volait les riches pour donner aux pauvres – en se servant largement au passage. Vincent Peillon aussi la connaît : il a décidé de faire les poches aux profs des classes préparatoires aux grandes écoles (CPGE) pour mieux nourrir les enseignants de ZEP (qu'en même temps il réduit des deux tiers : décrétons qu'il y a moins de pauvres, cela fera autant de bouches en moins à nourrir). En français, cela s'appelle déshabiller Pierre pour habiller Paul. Et le ministre a le culot d'appeler ça de la justice sociale !

Est-ce à nous de rappeler au ministre que dans un système républicain, ce ne sont pas les salaires des mieux payés qui sont redistributifs, mais l'impôt : allez, chiche, taxons tous les hauts ou très hauts salaires... Comment ça, vous n'osez pas ?

Est-il plus juste que ce soient les profs de prépas, ces pelés, ces galeux d'où vient tout le mal, qui gagnent de 10 à 20% de moins en travaillant 20% de plus, sous prétexte de redistribuer à leurs collègues de ZEP cette courte manne ?

Ah, ces nantis ! Ils en ont de la chance ! Et ils ont le front de se plaindre ! Ils trouvent même le temps d'écrire des tribunes pour protester ! Tous les culots !

Croyez-vous que si demain on baissait de 20% le salaire des conducteurs de TGV, cela ne gênerait en rien le trafic SNCF ? 800 euros de moins par mois (oui, vous avez bien lu), sur des revenus globalement comparables aux nôtres, 4000 euros mensuels en toute fin de carrière, primes comprises... Et non, nous n'en gagnons pas 10 000, comme l'a affirmé imprudemment la Cour des comptes en s'appuyant sur deux exceptions qu'elle a généralisées. Je peux publier ici, si les lecteurs me le demandent, n'importe lequel de mes récents bulletins de salaire : 3700 euros par mois en moyenne à 60 ans, quel ploutocrate je fais...

Ou alors, il faut statuer que tous les fonctionnaires qui, primes comprises, arrivent au plafond légal de 200% de leur salaire de base doivent voir ce plafond ramené à 195% par exemple... Oh, comme ils souffriraient, au ministère... Mais quelle économie réelle ! Chiche !

Oui, la SNCF débraierait instantanément, et les profs de prépas l'ont fait massivement, ce 2 décembre (Austerlitz !) 2013, même si nous tenons si fort à nos élèves que nous hésitons à les priver d'une journée de cours.

Certes, les 6000 profs de prépas sont généralement d'anciens bons élèves qui sont restés polis. Alors, ils font au ministre d'humbles remontrances, comme le tiers état en 1789, demandent des rendez-vous qui leur sont refusés (de quel côté sont donc la morgue et le mépris ?), et ils ont même le front d'envisager des moyens de rétorsion. Les diverses assemblées générales qui se sont tenues dans les lycées en ce début décembre prévoyaient une rétention des notes et des copies, une présence muette aux conseils, un refus de participer aux mille réunions, forums et travaux divers que l'administration leur demande gracieusement – toutes choses qui effraient si fort le ministre qu'il en rigole encore : il se moque bien, lui, que les étudiants arrivent mal préparés aux concours d'avril prochain. S'il ne tenait qu'à lui, ils n'y arriveraient pas du tout.

Le ministre devrait se méfier des réactions des moutons enragés.

Les élèves ne sont pas les otages ni les victimes collatérales des enseignants protestataires : ils sont les victimes du ministre. Et ils n'ont pas manqué de le lui rappeler, en avril-mai 2014, dans les urnes. Le PS s'attendait à se faire laminer – eh bien, on l'a laminé fin. À la déclaration de guerre de Vincent Peillon, il fallait répondre les armes et le bulletin de vote à la main.

Et surtout, que demain les élus du PS, s'il en reste, ne viennent pas nous supplier, comme ils ont l'habitude de le faire, de prendre leurs rejetons en prépas ! Ils s'entendraient dire que nous ne voulons pas les mettre en porte-à-faux avec les consignes de leur propre parti... L'égalitarisme, n'est-ce pas, c'est toujours pour les autres.

Les mêmes assemblées générales ont aussi prévu de ne pas participer aux concours. (Nombre de profs de prépas sont membres des jurys – peu importe, on les remplacera au pied levé par n'importe lequel des néo-titulaires embauchés par Peillon au gré de concours complaisants.) Et – là, on touche peut-être un nerf plus sensible – de ne pas participer à la procédure APB, qui durant le premier semestre de l'année trie les élèves de terminale : mesdames et messieurs qui rêviez pour vos enfants d'un autre avenir que celui de l'université la plus proche, pourtant si performante, comme chacun sait, c'en est fini de vos fantasmes de promotion sociale. Vos enfants iront en fac comme les autres, cela permettra de remonter le niveau.

Que ne faut-il pas faire pour satisfaire Peillon et Fioraso...

Ah bon ? Vous ne voulez pas faire les frais de l'entêtement idéologique de Vincent Payons-le-moins-possible ? Ma foi, allez le dire au ministre : nous, paraît-il, nous sommes (royalement) rémunérés à ne pas faire grand-chose. Et ce peu que nous faisons, nous nous y tiendrons désormais : avec en moyenne une classe de plus, soit 45 élèves (en moyenne – cela peut monter au-delà de 60), vous ne comptez tout de même pas que nous leur fassions une dissertation ou un devoir de maths toutes les trois semaines, comme aujourd'hui ? Dorénavant, ce sera deux par an, comme en fac.

Un prof de prépa, qui dans les faits travaille au moins 60 heures par semaine (une demi-heure au moins par copie corrigée – calculez ! Et des dizaines d'heures à préparer des cours de haut niveau – calculez encore ! Et une écoute de chaque instant d'élèves fort demandeurs de conseils – calculez toujours !

Et les sollicitations non rémunérées de l'administration – là, c'est incalculable) doit entre huit et onze heures de *cours*. Ajoutez-y deux à quatre heures supplémentaires (en moyenne), générées par les emplois du temps des élèves (quand on a 12 heures de maths, doit-on les partager entre deux profs ? Non, bien sûr). Dans le projet Peillon, il travaillera deux heures de plus (crac, deux heures sup qui sautent : travaillons plus pour gagner moins), ce qui le mettra souvent en sous-service, et il ira piquer les heures des profs de lycée (ou il se rabattra sur les heures de « colle », ces interrogations orales qui font l'excellence du système et qui sont très souvent effectuées par des collègues du secondaire).

Désormais, le paiement des heures sup, s'il en reste, se fera sur une base inférieure. Fini, aussi, les décharges liées au nombre d'élèves : jusqu'ici, à plus de 35 élèves (la majorité des classes), on avait une prime ; il nous faudra encaisser 45, 50 ou 60 élèves sans broncher. Comme nous sommes tous égaux, ce sera bientôt le même tarif en collège ou en lycée : bienvenue dans le monde enchanté des comptables ! Notre ministre s'appelait Moscovici (ou Sapin), et nous ne le savions pas ! La rue de Grenelle commence et finit à Bercy, et on nous l'avait caché !

Les « chaires sup », le sommet de la pyramide des grades, disparaissent corps et biens : les idéologues qui s'agitent rue de Grenelle veulent enfin réaliser le vieux rêve des libertaires de 1968 et des démagogues de toujours. Il y a un populisme évident dans le projet Peillon, qui cherche à opposer les profs entre eux, à les réduire peu à peu, corps après corps (les chaires sup aujourd'hui, les agrégés demain) en les découpant ainsi en tranches fines, et à les exposer, tous ensemble, à la vindicte générale. Un seul corps de la maternelle à l'université, mal payé si possible : on ne fait pas ce métier pour gagner de l'argent, c'est bien connu. Vous qui entrez dans l'Éducation nationale, abandonnez toute espérance, comme disait à peu près Dante. Toute espérance d'évolution de carrière. Toute espérance d'acheter un logement, ou même de payer le loyer que l'on vous demandera : allons, vous ferez chaque jour quelques heures de RER et de métro, c'est vivifiant, vous y corrigerez vos copies.

Quant aux pensions alimentaires et autres prestations compensatoires que vous payez déjà, eh bien, la justice se fera un plaisir de les réduire – dans vos rêves. Quoi ! Il vous restera 1500 euros pour vivre et payer votre loyer ? Broutille ! C'est la médiane, en France. Vous ne voudriez tout de même pas que l'on vous traite de nanti ? Vous êtes bien de gauche, non ? Et pourquoi pas une retraite chapeau, pendant que vous y êtes ? Non, la retraite – qui aujourd'hui n'inclut pas, bien sûr, ces petits suppléments qui permettent aux profs de CPGE de vivre un peu mieux que leurs collègues, tout pressurés qu'ils soient par tous les gouvernements depuis Claude Allègre – sera calculée sur votre nouvelle pauvreté. Vous pouvez d'ores et déjà vous préparer à travailler jusqu'en l'an 3000.

Il ne viendrait à l'idée d'aucun prof de prépa sérieux de mépriser ses collègues de lycée ou de collège – aucun, je le répète. Pas plus qu'ils ne sous-estiment le travail des ZEP : j'y ai enseigné 12 ans, aux Ulis et à Corbeil, je suis loin d'être le seul, et je sais ce que cela représente d'engagement constant, d'épuisement nerveux, de déroutes quotidiennes et d'amères victoires. Nous sommes les premiers à revendiquer pour tous des augmentations réelles de salaire. (Le public sait-il qu'Allègre avait déjà diminué, en 1998, le barème des heures sup de 17%. Ou que le point d'indice est bloqué depuis des années, alors même que l'inflation redémarre ?)

S'il n'est pas question pour nous de gagner moins, il est urgent en revanche que tous les autres gagnent plus, beaucoup plus. En vérité, c'est cela que devraient surtout défendre les syndicats. 50% d'augmentation pour tous les bas salaires de l'Éducation nationale. Ce que gagnent les profs de prépa n'est pas un vol ni un scandale, c'est un dû et ce devrait être la norme. Pour tous. Le début de la reconnaissance du mérite est là, et pas ailleurs – dans le porte-monnaie. Les conseillers du ministre toucheront cette année, en moyenne, 10 000 euros de primes, qui s'ajouteront à un salaire à peu près équivalent. Méritent-ils cet excès d'honneur, et nous, notre indignité ?

Ah ? Vous n'avez pas de sous ? Ma foi, vous en trouvez bien pour les riches, qui en ont tant besoin... La vraie redistribution, elle est là, et pas ailleurs. Le vrai Jesse James aurait braqué les grandes corporations, les grandes entreprises, les grandes banques, qui se font du gras sur le dos de la crise et paient sans sourciller les amendes faramineuses que leur inflige le shérif américain, il aurait taxé les revenus du capital, il n'aurait pas toléré l'évasion fiscale légale des grands groupes comme Total, il ne se serait pas plié aux diktats d'Angela Merkel, il n'aurait pas affiché ce souci de réduire les déficits (les USA, qui ont une dette bien plus abyssale que nous, ne s'en soucient guère) sur le dos des pauvres gens et des classes moyennes, qui glissent impitoyablement vers le bas depuis trente ans. Les profs sont, comme les autres, en voie de prolétarisation. Et comme d'autres prolétaires, ils s'en souviendront dans les urnes. Et vous savez ce qu'ils votent, en ce moment, les prolétaires ? Prenez garde : le désespoir se moque des étiquettes.

Le vrai Jesse James – mais pas Vincent Peillon ni François Hollande : eux, ils prennent les sous dans la poche des rares enseignants (6000 sur 800 000 !) qui ont un salaire équivalent à celui de leurs collègues correctement payés en Europe : la France est à la traîne, très loin du Luxembourg ou de l'Allemagne, qui font grand cas de ces gens qui transmettent à leurs enfants les savoirs d'hier et de demain. C'est de la spoliation pure et simple ou je ne m'y connais pas.

Évidemment, l'argument comptable ne suffit pas pour expliquer la décision du ministre, qui en même temps annonce la remise à plat des « décrets de 1950 » qui régissent nos enseignements et nos salaires : pour notre bien, évidemment. Non, le ministre ne s'agite pas pour racler les fonds de tiroir et revaloriser d'une infime fraction le traitement d'une centaine de dizaines de milliers d'enseignants de ZEP en ponctionnant celui des 6000 profs de CPGE. Le ministre a une idée derrière la tête : éradiquer enfin l'excellence. Aucun salaire ne doit dépasser les autres, c'est entendu. Mais aucune tête ne doit s'élever au-dessus des autres, cela va de soi. Une idée qui traîne depuis longtemps au PS.

Geneviève Fioraso et Vincent Peillon ont donc décidé d'en finir avec les grandes écoles, cette exception française qui nous permet, bon an mal an, de dégager les élites qui font encore fonctionner notre vieux pays. *Élitisme* est un gros mot, désormais, comme chacun sait. La République des égaux n'a pas besoin de savants ! On a déjà entendu ça, à d'autres périodes plus sinistres. Tout comme, à d'autres périodes plus sombres, on a déjà désigné un sous-groupe à la vindicte des bons Français.

À lire les commentaires sur les sites d'enseignants, il en est pour se réjouir de voir tomber nos têtes, sans bien se rendre compte qu'ils fourniront la prochaine charretée. Ce qui se profile, c'est à court terme la création de prépas entièrement privées (ils doivent bien rire, à Sainte-Geneviève) et, à moyen terme, la compartimentalisation de l'Éducation nationale en deux parts : des lycées privés pour ceux qui pourront les payer, et le grand fourre-tout pour les pauvres. Les prépas coûtent trop cher, paraît-il. Essayons donc l'ignorance...

Peillon, quand lui est arrivé aux oreilles le bruit de notre mobilisation, a dénoncé par avance la « collusion de tous les élitismes et de tous les conservatismes ». En visite dans un lycée marseillais inscrit en ZEP, le ministre avait dénoncé cet élitisme qui ronge, paraît-il, notre merveilleux système scolaire, si performant, comme chacun sait. Peut-être faudrait-il informer les grands esprits qui le conseillent (comme leurs homologues ont, avant lui, conseillé Chatel – les ministres passent, les ânes demeurent) que seules les prépas récupèrent (un peu) les bons élèves de ZEP laminés par un système que des pédagogies hasardeuses ont rendu encore plus profondément inégalitaire : les CPGE accueillent en moyenne 30% de boursiers – 40% au lycée Thiers de Marseille où j'enseigne – et les amènent au plus haut de leurs capacités, hier encore noyées dans le tumulte des classes-balais où on les confinait. Bien loin de l'image de la « reproduction » chère à Bourdieu : pour insuffisant que soit le système, il est le seul qui marche. C'est vers plus de prépas que nous devrions aller, et non, comme le veulent les idéologues fous du PS et d'EELV, vers leur mise en extinction.

Peillon désire anéantir le dernier ascenseur qui fonctionne encore dans l'enseignement national. En France, on n'a pas de pétrole, et on n'a qu'une idée, détruire ce qui marche. Après le balai, la balayette : Ubu ministre envoie les profs de prépas à la trappe avec son croc à phynances. Bravo. Nous faisons les frais des convictions d'un parti qui a fait de Harlem Désir et maintenant Jean-Christophe Cambadélis, son secrétaire général et sa référence intellectuelle. On ne s'étonnera pas, rue de Solférino, si les enseignants, leurs élèves et leurs parents (et cela finit par faire du monde) portent leurs voix, aux prochaines élections, ailleurs que chez les idéologues fous. Ils l'ont déjà fait, en 2002. Vincent Peillon, après ce beau coup au ministère, croit s'être trouvé un point de chute au Parlement européen, tout comme ses conseillers, selon une coutume chère au ministère, se voient déjà inspecteurs généraux (bien payés, ma foi, pour un boulot peu épuisant). Les lecteurs, les électeurs, les enseignants et leurs élèves devraient bien le renvoyer en classe – il a si peu fréquenté le lycée, après son agrégation de philosophie, il pourrait y retourner faire un stage. Pour 3000 euros par mois : à son âge, c'est bien le moins, mais c'est le maximum que lui vaut son mérite.

HARO SUR LES PROFS !

Dimanche 8 décembre 2013, Vincent Peillon passait sur la Cinq dans « C politique ». Le ministre s'est payé le luxe de commencer par une citation qu'il a attribuée à Sartre (« La colère est un bon moyen de comprendre »), et dont il n'a rien fait. Mauvais principe dissertatif : de l'esbroufe, et pas grand-chose derrière. Il a enseigné il y a très, très, très longtemps, et pas longtemps. Il a perdu la main.

D'ailleurs, le lendemain lundi, toute la France des prépas – là où l'on apprend pour de bon à faire une dissertation qui ressemble un peu à quelque chose – était en grève pour le lui dire, avec des taux de participation qui atteignaient souvent les 100%.

Rappel des faits. Vincent Peillon, sous prétexte de faire des économies qu'il redistribuerait aux enseignants de ZEP (voir ci-dessus), a décidé d'araser les salaires des profs de prépas. Je vous passe les détails, les décharges supprimées, les heures sup réintégrées dans l'horaire normal, les classes en plus, les heures de colle transformées en compléments de cours, j'en ai déjà parlé plus haut. Au final, c'est 15% d'heures en plus pour 15 à 20% de salaire en moins : ce n'est pas seulement moi qui le dis, c'est Cédric Villani, l'une des dernières médailles Fields que nous avons reçues, et qui doit savoir mieux compter quand même que le ministre.

« J'aime les classes préparatoires », a dit Vincent Peillon, soutenant avec ce léger sourire méprisant qu'aucun de ses conseillers ne parvient à lui faire effacer qu'il ne faut voir dans ces mesures « aucune attaque contre les classes préparatoires » : juste équité et justice (même remarque que précédemment : il ne devrait pas accumuler les synonymes, ça fait remplissage).

C'est un mensonge : Vincent Peillon rêve depuis longtemps d'éradiquer les classes préparatoires et les grandes écoles – il l'a dit à maintes reprises, par exemple dans *Libération* le 3 février 2010.

Je ne sais quel traumatisme est à la source d'une telle vindicte. Aurait-il un jour postulé pour un poste en prépa que l'Inspection générale des années 1970 lui aurait refusé ? Aurait-il tiré de son court passage dans une École normale d'instituteurs la conviction que le supérieur est une sinécure ? Quelle blessure narcissique expliquerait un tel acharnement contre le dernier morceau du système éducatif français qui non seulement fonctionne encore, mais que le monde entier nous envie ?

Je dis le monde entier, parce que le monde entier fonctionne de la même manière. Que sont Cambridge, Oxford, le MIT ou les facs japonaises sinon de grandes écoles, sélectionnant impitoyablement les meilleurs – à ceci près que, en outre, elles les sélectionnent aussi par l'argent ?

Marxistes et libéraux entonnent la même chanson : « Le facteur économique est déterminant en dernière instance. » Le ministre frappe à la caisse des profs de prépas, ça lui évite d'augmenter sérieusement tous les autres profs, dont le pouvoir d'achat, jamais revalorisé depuis des années maintenant, s'est effrité peu à peu. Comme il s'était sérieusement dégradé lorsque Claude Allègre avait arbitrairement décidé de diminuer de 17 % le paiement des heures sup : quelle fatalité veut que la gauche au pouvoir accable ceux qui l'ont élue – et qui du coup ne la réélisent pas, voir 2002 ?

Ou 2017…

Si encore sa ponction avait une quelconque crédibilité... Mais les économies réalisées (20 millions) sont un atome par rapport au budget pléthorique de son ministère (84 milliards). Tout comme les classes prépas dans leur ensemble (coût : 1,1 milliard) sont un confetti dans le système. Mais un confetti chargé de tous les péchés. Ce que coûte effectivement un élève de prépa (14 000 euros par an), c'est ce que l'OCDE en moyenne consacre à ces étudiants : on veut faire payer au confetti la disgrâce budgétaire des facs françaises (8000 euros par étudiant), on veut le rendre responsable de la débâcle pédagogique de tout le système antérieur.

Parce que le nœud de l'accusation de notre moderne Fouquier-Tinville (nous avons de la chance, Peillon aurait sévi en 1793, il aurait été Saint-Just ou Hébert), c'est que les prépas et les grandes écoles reproduisent (saint Bourdieu, priez pour moi...) les inégalités de classe. Les nantis parlent aux nantis – ou à leurs enfants.

Là encore, ce n'est pas vrai. La loi nous fait obligation de recruter 25% de boursiers, et les chiffres sont en général bien au-delà : 40% à Marseille en moyenne, 54% au Havre, jusqu'à 60% dans les prépas d'outre-mer. Et 100% dans les « prépas à la prépa » qui ont fleuri ici et là depuis quelques années. Les nantis vous saluent bien !

Nous sommes le dernier ascenseur social (le seul en tout cas qui fonctionne) et nous parvenons, malgré la défaite globale, comme la méthode du même nom, de tout le système scolaire antérieur, à rattraper l'écart de niveau entre les populations les plus défavorisées, confinées dans ces ZEP que le ministre affectionne, faute d'y avoir enseigné, et ces « fils de bourgeois et fils d'apôtres » que chantait Brel. L'écart initial est en moyenne de 2 points : en deux ans, nous les remettons sur les rails du savoir et de la culture, tant littéraire que scientifique. Ce n'est pas moi qui le dis, c'est un rapport de la Conférence des grandes écoles.

Non seulement les prépas ne sont pas des couveuses d'héritiers, mais pendant que l'université envoie chaque année 50% de néo-bacheliers au casse-pipe, souvent faute de moyens, nous qualifions la quasi-totalité de ceux que nous couvons. Les classes prépas coûtent cher ? Mais quel est le rapport qualité-prix d'étudiants qui réussissent presque tous, étant entendu que ceux qui n'intègrent pas une grande école, où le taux de réussite finale est extraordinairement élevé, même en période de crise, passent en fac où ils forment, au niveau L3 ou M1, le gros du bataillon des étudiants brillants ? Loin d'être le repoussoir que décrit abusivement le ministre, nous devrions être le modèle de tout l'enseignement supérieur. D'ailleurs, d'aucuns s'y mettent. L'antenne londonienne que vient d'ouvrir la fac de Dauphine n'est rien d'autre qu'une grande école externalisée.

Les collègues du secondaire commencent par ailleurs à saisir les intentions du ministre. Réduire d'autorité le salaire des enseignants, cela ne s'était jamais vu depuis Laval en 1935 (une sacrée référence pour un ministre qui se prétend de gauche), cure d'austérité qui a donné les résultats que l'on sait.

Après les prépas viendront les gros bataillons de l'Éducation nationale : rabiotons, il en restera toujours quelque chose. Puis l'immense masse de la fonction publique (sinon, le Conseil d'État pourrait de se fâcher et faire comprendre à Vincent Peillon que stigmatiser une partie de la population, cela ne se fait pas en droit français). Les Espagnols, dans leur lutte contre l'effritement des bénéfices des banques, ont diminué les salaires des fonctionnaires de 20%. La France de François Hollande envisage-t-elle de faire mieux ? Cela suffirait-il, d'ailleurs, à garantir les dividendes des grands groupes, auxquels pour rien au monde les « socialistes » au pouvoir ne toucheraient ?

« Justice sociale », dit Peillon, qui se paye de mots. La vraie justice sociale consiste à donner plus à ceux qui ont moins, sans pour autant spolier ceux qui parviennent encore, dans la grande paupérisation du milieu enseignant, à gagner presque autant que leurs homologues allemands. La vraie justice sociale consiste à donner les moyens d'accéder aux savoirs, via les prépas ou l'université, pas à décourager les enseignants qui se décarcassent.

Parce qu'il le sait bien, le ministre, que nous nous décarcassons pour nos élèves ! Parce qu'il sait bien jouer sur notre conscience professionnelle, sur la vague culpabilité qui traîne dans les salles de profs à l'idée de faire perdre deux ou trois jours de travail à ceux que des parents pleins d'espoir nous ont confiés ! Eh bien, c'est raté : les prépas se sont retrouvées en grève à 97%, il y avait 5000 manifestants à Paris, profs et étudiants mêlés, avec des slogans qui remettaient l'imagination au pouvoir – c'est ce qui arrive en général lorsqu'on s'en prend aux bons élèves. Laurent Fabius l'a bien senti qui sur France Inter, deux jours plus tard, tapait sur les doigts de son cher collègue, avec l'air de ne pas y toucher qui le caractérise : « L'objectif me semble devoir être d'élever le niveau général des étudiants, y compris d'université, vers le meilleur, qui a été symbolisé jusqu'ici par les classes préparatoires, plutôt que d'abaisser le niveau des classes préparatoires vers un niveau général qui serait insuffisant. »

Ce serait drôle que par nous naisse, contre un gouvernement socialiste, non pas un second Mai-68 – l'Histoire ne repasse pas les plats —, mais une seconde déroute de ce qui se prétend encore la gauche. Le PS, en tout cas, avec une telle politique, ne passera plus par nous.

Nous sommes ouverts à la discussion – encore faudrait-il que l'invitation à discuter nous arrive. Tout peut se remettre à plat, entre interlocuteurs de bonne foi. Mais face à un mur, il ne reste que les stratégies du désespoir – et l'humour, ce qui revient au même.

REDDITION ET ARRIÈRE-PENSÉES

Vincent Peillon a donc fait machine arrière, apparemment à la demande de François Hollande lui-même, en tout cas sous la pression d'un certain nombre de ses « amis » (lui en reste-t-il, aujourd'hui, quand tous estiment que ce ministre si bien préparé à sa tâche a failli dans tous les domaines, et s'est aliéné durablement un électorat pré-conquis), tous anciens des CPGE qui, d'Aurélie Filippetti à Laurent Fabius, lui ont expliqué que s'attaquer aux prépas comme il le faisait était d'une insigne maladresse. « Pas comme ça. Pas maintenant. Attends un peu afin de noyer le cas spécifique de ces emm*** dans la renégociation globale du statut d'enseignant du secondaire. Le groupe de travail chargé d'en finir avec les fameux décrets de 1950, le GT 6, noiera ces 7000 profs dans le flot des autres. Comme pour l'histoire du retour du voile à l'école. Emballé, pesé... »

Ou quelque chose de ce genre...

Les décrets de 1950, faut-il le rappeler, sont particuliers à l'enseignement, et dérogatoires aux règles générales de la fonction publique. L'ambition finale du sinistre ministre était de rattacher une fois pour toutes les enseignants au cadre général des 1607 heures par an, afin d'évacuer la spécificité du travail d'enseignant, dont l'essentiel se déroule en l'absence des élèves (préparation des cours, correction des copies, entre autres), et de territorialiser nos fonctions, afin de proposer aux autorités locales un volant de 900 000 fonctionnaires désormais adaptables à toutes sortes de « missions », et déconnectés autant que faire se pourra de toute notion disciplinaire. En avant pour la concertation permanente, les forums d'entreprise, l'écoute des élus et de leurs hommes-liges, et autres activités intellectuellement stimulantes.

Les CPGE ont résisté aux vexations de Vincent Peillon. Leurs enseignants ont salué, lorsque c'est arrivé, le soutien de leurs collègues du second cycle – d'autant que nombre d'enseignants de prépas enseignent dans le secondaire, et que le projet de décret (profs en solde ! -20% !) concernait aussi, par exemple, les profs de BTS. Ils ne ménageront pas leur soutien, j'espère, à leurs collègues quand la majorité d'entre eux réalisera – c'est pour très bientôt – qu'on a décidé de les tailler en morceaux avant de les jeter aux chiens et aux élus locaux, ravis d'avoir des ordres à donner à des gens qui, neuf fois sur dix, ont plus de diplômes qu'eux. Chers collègues, il va falloir consentir à quelques sacrifices afin qu'un conseiller général décide de votre destin en collège, ou qu'un conseiller régional tranche de votre sort en lycée.

Ce qui, dans les Bouches-du-Rhône, placera mes collègues de collège sous la botte de Jean-Noël Guérini, qu'on ne présente plus, et me mettra personnellement sous la coupe d'un avocat ancien élève du privé catholique, Michel Vauzelle. Haut les cœurs !

Je dois à la vérité de dire que le responsable auprès dudit conseil régional de tout ce qui concerne l'éducation, Jean-Marc Coppola, ancien agent de la SNCF (et à ce titre, peut-être plus attaché à ce qui reste d'ascenseur social que les bobos pré-gavés de la rue de Grenelle et autres hauts lieux prolétariens de Paris), est venu en personne assister aux assemblées générales du lycée Thiers, à Marseille, et s'est fendu d'une lettre au ministre qui disait avec pertinence des choses fortes. Par exemple : « Les classes préparatoires se retrouvent dénigrées et montrées comme élitistes. Or, nous savons très bien qu'elles recrutent aujourd'hui 30% de boursiers. Cette démarche de formation, qui a largement fait ses preuves, est d'ailleurs un modèle vers quoi devrait tendre le cursus universitaire. »

Incroyable. Il y a encore au PS des gens qui pensent, et qui pensent bien. Mais que font-ils là ?

Oui, un certain nombre de membres du PS ne partagent pas les options centrifuges et égalitaristes de Peillon, Hamon et consorts. Au plus fort de la crise et de la grève des CPGE, Malek Boutih, député de l'Essonne, a adressé à une collègue du Collectif qui se battait pour les prépas la lettre suivante :

« Madame,

« Je vous remercie pour votre mail et le partage de votre analyse qui me permettent d'avancer dans ma réflexion en tant que député.

« Pour être parfaitement honnête, je dois reconnaître avoir été également surpris par cette annonce concernant les professeurs de classes préparatoires.

« Comme vous, je crois à l'excellence scolaire dans le domaine public. Je pense que les classes préparatoires, si elles ne permettent pas de combler tous les défauts du système scolaire français, maintiennent tout de même un pôle d'égalité dans l'accès aux hautes études.

« De plus, il me semble toujours malhabile de dresser une partie d'un secteur professionnel contre un autre. Je ne crois pas que les professeurs de classes préparatoires soient des privilégiés, encore moins qu'un recul sur leur statut bénéficierait aux autres enseignants.

« Enfin, les besoins des écoles défavorisées ne peuvent être comblés par cette mesure d'autant que les établissements en difficulté sont de plus en plus nombreux.

« Voilà pourquoi à titre personnel, je ne soutiens pas cette mesure.

« Encore merci pour votre message.

« Cordialement,
Malek Boutih, député de l'Essonne »

Que Malek Boutih ait fréquenté l'ESJ Paris n'est peut-être pas tout à fait étranger à son engagement. Seuls ceux qui ne sont pas passés par ces filtres sélectifs, à des degrés divers, que sont les grandes écoles accessibles par concours, ignorent les bienfaits qu'on en retire. Mais c'est anecdotique. La ligne de partage, au PS et ailleurs, se situe sur un plan idéologique. Entre ceux qui croient aux élites, et ceux qui ont décidé qu'élitisme était un gros mot, et qu'égalitarisme, à force de ressembler à égalité, pourrait bien le remplacer dans la devise de la République.

Un article tout récent publié sur Mediapart[18] analyse en détail ce qu'entendent par « élites » les gens de gauche qui nous gouvernent. Au passage, on pourra, si l'on veut creuser la notion, aller voir un peu plus loin dans la réflexion de l'auteur de l'article, Denis Collin. Il arrive, par les mêmes chemins que moi (mais en insistant avec raison sur la dimension européenne de la destruction programmée de l'École, dénoncée depuis des lustres par Nico Hirtt – voir ce que j'en dis plus haut), au secret de polichinelle le mieux gardé de la rue de Grenelle : pour un enfant qui n'est pas né avec une cuiller en argent dans la bouche, l'égalitarisme tue toute chance d'accéder à une formation supérieure et à des emplois de cadre supérieur. L'égalitarisme est prôné depuis quatre décennies par les pédagogues béats qui tiennent le pouvoir réel de l'Éducation nationale.

Enfin, pas si béats que ça : Meirieu se voit bientôt sénateur EELV, et c'est à l'un d'eux, Alain Boissinot, survivant de tous les régimes, de Bayrou à Peillon en passant par Lang, Fillon, Robien, Darcos, Chatel, de la droite à la gauche et aller-retour, que Vincent Peillon a confié la direction du Conseil supérieur des programmes (il en a démissionné depuis, ayant trouvé plus démagogue que lui). Alain Boissinot, c'est l'homme à la langue de bois qui est capable d'énoncer sans respirer des phrases du genre « Plutôt que remplacer les programmes, procédure qui lasse les enseignants, on réfléchit à une nouvelle méthode pour élaborer plus globalement et les accompagner mieux en terme de formation et d'outillage pédagogique et d'accompagnement », et d'envisager sans sourciller la fin de la notion même de discipline à l'école. On ne fera plus de maths ou de français, on prendra globalement en charge l'élève.

18 http://blogs.mediapart.fr/blog/denis-collin/131213/pourquoi-les-socialistes-haissent-ils-les-professeurs

Pendant ce temps, dans quelques lycées sélectionnés et probablement tous privés à terme, les vrais enfants de la bourgeoisie se gaveront de connaissances. Les mêmes auront les moyens de se payer des «écuries» pour réussir la première année de médecine, ou de s'offrir l'antenne que Paris-Dauphine vient d'ouvrir à Londres, au cœur de la City, pour 8000 à 9000 euros par an.

Voilà de la démocratie bien comprise.

Aux premiers temps des ascenseurs, les machines installées prioritairement dans les beaux quartiers ne desservaient que le premier et le second étage – les étages nobles. Les prolos, eux, montaient à pied par l'escalier de service. (Les vraies occasions de rire étant rares, ces temps-ci, je ne saurais trop recommander la lecture d'un article désopilant d'Alphonse Allais sur la question[19].)

L'École de la République en est là : l'ascenseur social ne marche que pour les nantis – mais dès lors, à quoi sert-il ? Le seul espace (relatif) de mixité sociale, c'est (c'était ?), justement, le système des classes prépas : on comprend à quel point il est urgent de les anéantir, afin d'instaurer définitivement le règne des seules élites qui comptent aujourd'hui – celles qui ont de l'argent.

L'égalitarisme, institué par haine de l'élitisme, est l'instrument préféré de la ploutocratie pour se maintenir aux commandes, elle et ses héritiers. L'École devait être la chance de chacun d'aller plus loin. Les prépas étaient naturellement l'avant-dernier étage (avant les grandes écoles) de ce système artisanal, brinquebalant, mais qui fonctionnait encore il y a une cinquantaine d'années, et qui a tiré de leurs HLM pas mal d'enfants dans mon genre. C'est actuellement le seul système qui recrute au minimum 30% de boursiers et les amène au plus haut. Quelle université peut en dire autant ? Le seul système qui permet de rattraper le retard pris dans ces structures égalitaristes que sont les ZEP en particulier et le système scolaire de base en général.

Plutôt que de déplorer notre effondrement dans les classements internationaux et de proposer aux enseignants de ZEP huit euros

---

19 http://fr.wikisource.org/wiki/Amours,_Délices_et_Orgues/L'Ascenseur_du_peuple

de prime et une heure de décharge pour amortir les coups, il serait temps de réaliser que l'excellence est un enjeu politique. Les classes prépas pourraient utilement inspirer des universités exsangues, faute de moyens, et ficelées par l'interdiction de sélectionner leurs étudiants. Une solution immédiate, parmi tant d'autres : autoriser les facs à trier avant le bac, lors des procédures APB. Et peut-être même bien avant la terminale, afin de responsabiliser les élèves et de les mettre sur une rampe de lancement, au lieu de les inciter à s'inscrire à des formations privées fort chères pour préparer Sciences Po. Si l'École de la République est *payante*, ce doit être en termes de résultats. Pas en termes d'investissement.

MORT AUX INTELLOS !

Elle s'appelait Marion Fraisse, elle avait 13 ans, elle brillait en classe de quatrième, dans un collège ordinaire de l'Essonne, celui de vos enfants peut-être, et le 13 février 2014, elle a mis fin à ses jours. Elle s'est pendue en laissant une lettre à ses proches où elle explique le pourquoi de son geste et de son désespoir.

Sa mère Nora a expliqué tout cela à Thomas Sotto sur Europe 1[20]. Elle a résumé la dernière rédaction de sa fille, si je puis dire : « Elle disait que sa vie a dérapé, a basculé. Personne ne l'a compris. Elle décrit les principales insultes, les principales menaces. Elle donne les noms des principaux harceleurs. Elle garde cette douceur et cette sensibilité qui la caractérisaient. Elle trouve les mots justes, les mots doux, malgré sa souffrance. Et elle nous dit adieu. Et elle remercie, elle dit : *Merci pour ceux qui m'aimaient pour ce que je suis, et non pas ce que je ne suis pas.* » Elle a rappelé les événements antérieurs, le début de la traque, en sixième et en cinquième – une traque opérée par des gosses de 12 ans sur une fillette de leur âge. Une pute, une bolosse et autres aménités diffusées via les réseaux asociaux, comme on devrait dire : Facebook est aussi l'école de la haine.

Nora Fraisse a annoncé qu'elle portait plainte, nommément, contre les petits salauds qui ont harcelé sa fille et l'ont poussée à l'irréparable. Des gosses peut-être, mais dans un système judiciaire cohérent, on appellerait ça des assassins.

---

20 http://www.europe1.fr/MediaCenter/Emissions/L-interview-verite-Thomas-Sotto/Videos/Nora-Fraisse-Aujourd-hui-les-bons-eleves-sont-stigmatises-1708045/

Christiane Taubira, qui veut que le droit des mineurs s'applique désormais jusqu'à 21 ans, lui expliquera sans doute qu'elle n'a rien compris à qui est réellement victime.

Madame Fraisse a aussi porté plainte contre un système scolaire qui n'a pas fait son travail, qui n'a pas protégé une enfant qu'il savait persécutée, parce que cela durait depuis deux ans, que l'ancienne direction du collège y avait mis bon ordre, mais qu'il a suffi qu'elle change (oui, la personnalité, et parfois la carrure, d'un chef d'établissement et de ses adjoints a une importance décisive) pour que la surveillance s'effrite et que les voyous se faufilent dans les brèches. « En quatrième, nouveau principal adjoint, et là, tout a basculé. Dès les premiers jours, Marion, quand on a vu la liste des élèves, on a eu très peur. » Sans doute aurait-il suffi que l'administration prévienne les parents, leur dise que leur fille se faisait insulter, menacer, tabasser. Mais il y a tant de choses à régler, dans un collège...

Elle n'était pas la seule. D'autres élèves – d'autres bons élèves – étaient aussi la cible des mêmes massacreurs, qui les menaçaient de faire d'eux « un chalumeau ».

Retour au récit de Nora Fraisse. La veille, « elle m'a appelée – elle s'était réfugiée aux toilettes – en me disant : *Je ne vais pas bien, il faut que je rentre.* Elle a eu de vraies menaces de mort. Elle était attendue le lendemain au collège. Elle était attendue au collège par les harceleurs. Pour lui faire la peau. »

Et pourquoi harcelait-on cette gamine ? Parce qu'elle était bonne élève, et que la rage à la mode depuis quelques années s'exerce à l'encontre de ceux qui ont de bonnes notes. Sans doute la raison pour laquelle tant de pédagogues fous et mous veulent désormais s'en passer et évaluer les élèves au doigt mouillé et à l'évaluation des compétences – toujours « acquises » ou « en cours d'acquisition », ce qui évite de fâcher les familles et la FCPE. « Marion était embêtée à la fois par des élèves de cinquième, de quatrième, et principalement des élèves de sa classe de quatrième, qui s'en sont pris à d'autres. Une jeune fille, qui a été prise à partie à plusieurs reprises, a été bloquée dans les vestiaires également, avec un briquet et un déodorant en lui disant : "On va faire de toi un chalumeau." Son ex-petit ami a été battu, mis à terre avec une photo sur Facebook. Alors, ce sont les témoignages que j'ai recueillis, mais sur 600 élèves, bien d'autres doivent subir la même chose, puisque 15% des élèves se disent harcelés et ne le disent pas. »

Comme l'a remarqué sobrement Thomas Sotto, « ce sont là les chiffres de l'Éducation nationale. » Mais « 40% des bons élèves s'en plaignent. Marion faisait partie des très bons élèves, elle était brillante. Aujourd'hui, les bons élèves sont stigmatisés. »

Cela, Nora Fraisse l'a écrit à toutes les autorités en février, en mars, en juin, une dernière fois en septembre. Silence radio, si l'on excepte un mot de condoléances (au passage, pas un mot, dit-elle, des « équipes pédagogiques » – toutes mes félicitations sincères aux chers collègues). Aucune réponse. Le parti du « care », comme on dit depuis qu'on ne parle plus français, ignore la compassion. Une enquête a été diligentée, des conclusions remises au rectorat, dont personne n'a eu communication, malgré les réclamations de l'avocat des Fraisse. Circulez, il n'y a rien à voir.

Porter plainte, oui, pour atténuer une douleur qui ne peut être atténuée (« on a pris perpète », dit très expressivement Nora Fraisse) ; pour que des assassins soient mis en face de leurs responsabilités – et leurs parents aussi. Et pour que cela serve à l'instruction des vivants.

Je voudrais cependant aller un peu plus loin, pour que cela serve aussi à notre réflexion sur le système scolaire tel qu'il existe.

Voilà des années que nous sommes nombreux à demander le rétablissement des classes de niveau au collège, pour le plus grand bien des meilleurs élèves, que la lie de la terre tire en arrière, et afin que les enseignants puissent construire avec cohérence leurs cours pour les élèves en difficulté, au lieu de jongler avec des carpes et des lapins, passant du programme tel qu'il doit se faire à des séquences de ré-alphabétisation laborieuse. Mais la diversité, paraît-il, est bonne pour les uns et les autres...

Ce n'est tout simplement pas vrai. Ceux qui ne comprennent pas, et qui parfois ne veulent pas comprendre, tirent en arrière ceux qui ont déjà compris. Mais qui se soucie de ces derniers ? Jadis, le bon élève était révéré dans ce pays, on le couvrait de lauriers, on organisait pour lui des remises de prix (et ce serait une bonne idée d'y revenir, en offrant de vrais livres). Aujourd'hui, il est vilipendé, méprisé parfois, puisqu'il sort du lot, et qu'élite est un gros mot. On tente d'anéantir les classes prépas en les noyant dans des facs souvent peu fonctionnelles, on veut diminuer le salaire des profs qui y enseignent pour verser des primes aux enseignants de ZEP (les salaires de tous les enseignants travaillant en zones difficiles, au lieu de décourager ceux qui travaillent encore à dégager une excellence). On étête. On éradique. On flingue. Tout bon élève est désormais une cible.

Parce qu'il sort du lot – quelle inconvenance ! Pour pallier cette déficience, on a trouvé deux solutions : on surnote tout le monde, on brade le bac, on envoie les élèves droit dans le mur, parce qu'à un moment ou à un autre la vie et l'enseignement supérieur présentent l'addition. Puis on dévalue les meilleurs : surtout, qu'aucune tête ne dépasse ! On les laisse en butte aux risées des cancres et, parfois, à leurs instincts de mort.

Les parents informés tentent de contourner cette fatalité en inscrivant leurs enfants dans les classes européennes des collèges, qui sont de fait des classes de niveau, en leur faisant choisir des options réputées d'excellence, l'allemand en sixième, et le latin plus tard. Manœuvres dérisoires. Pendant ce temps, la fine fleur d'une génération est en butte aux vexations des demeurés.

Non que je ne respecte pas le demeuré. Il a droit, lui aussi, d'aller au plus haut de ses capacités. Mais pas de ses bas instincts.

Le bon élève est l'espoir de ce pays. Il est – il devrait être – le modèle, au lieu d'être l'épouvantail. Il est de toute première urgence de le protéger, de l'encourager, d'en refaire le modèle. C'en est assez de couvrir la violence des ânes. Il faut les instruire, leur dire et leur redire qu'il n'y a d'espoir qu'en l'École, et, s'ils ne comprennent pas, s'ils choisissent encore de détruire au lieu de se construire, oui, il faut les châtier.

METTRE LES VOILES…

Était-il donc écrit que je regretterais un jour Vincent Peillon ? L'ancien ministre, tête de liste aux européennes dans le Sud-Est (mais qui pouvait, en toute conscience, voter pour lui ?), vient tout juste d'être (difficilement) élu député européen. Ses cendres ministérielles ne sont pas encore froides que Benoît Hamon amende, d'une façon lourdement significative, l'une des rares décisions cohérentes de l'ex-pensionnaire de la rue de Grenelle.

Dans une interview sur BFM, le tout nouveau ministre de l'Éducation nationale vient d'accéder à la demande des groupes les plus revendicatifs (et, osons le dire, les plus extrémistes) et d'accepter qu'au cas par cas, les chefs d'établissement, les directeurs d'école agréent les demandes des accompagnatrices bénévoles des sorties scolaires qui souhaitent porter un voile islamique. Bravo. Il sera donc dit aussi que je finirai par regretter Luc Chatel, qui avait eu la bonne idée de sortir en mars 2012 une circulaire sans ambiguïté pour expliquer que l'école, y compris hors les murs, était et restait le lieu laïque qu'avait autrefois défini Jean Zay.

Et à propos de Jean Zay, justement, nous sommes assez nombreux à nous être réjouis de la décision de faire entrer au Panthéon l'ancien ministre de l'Éducation nationale assassiné par la Milice en 1944, quelles que soient les réticences de certains. Mais la politique de Hollande, c'est le dieu Janus, à double face. D'un côté, on flatte les laïcards de toutes obédiences (en particulier celle de la rue Cadet). De l'autre, on donne des gages à tout ce que l'intolérance et la superstition offrent de plus hypocrite – en l'espèce, des jeunes femmes voilées envoyées comme des missiles sur les terrains d'exercice de la démocratie.

Début janvier, le président de la République, lors de la cérémonie de vœux aux corps constitués, a benoîtement expliqué que, sur la question des sorties scolaires, il était inutile de proposer une nouvelle loi : la circulaire Chatel de mars 2012 « continuera d'être appliquée par les professionnels de l'éducation, comme ça a été le cas jusqu'ici, c'est-à-dire avec discernement et de manière apaisée »... Et pour apaiser, comptez sur Hamon, qui a entendu le sous-texte de l'oracle élyséen et en a tiré les conséquences : désormais, ce seront les chefs d'établissement qui décideront, au cas par cas, de la politique à mener. Pas de vagues, et dans les quartiers difficiles (entendons : à large majorité musulmane), on accédera à la demande des associations – celles-là mêmes qui avaient interpellé le Défenseur des droits, qui avait saisi à son tour le Conseil constitutionnel. Lequel avait coupé la poire en deux – les sages ont adopté la nouvelle mode schizophrénique.

Hurlements des laïques et des associations proches des « frères ». À peine installé, Benoît Hamon s'occupe à détricoter l'œuvre (?) de son prédécesseur : d'abord les rythmes scolaires (gardons, mais pas trop – fausse coupe), puis désormais la laïcité, à géométrie variable.

Il devrait se renseigner, puisqu'apparemment il ne connaît rien à l'éducation. Pour toute sortie, on enseigne aux élèves que les règles de l'établissement s'appliquent à l'extérieur tant qu'ils sont dans une activité scolaire. Et les parents seraient autorisés à enfreindre les lois que leurs enfants sont tenus de respecter ? Revoilà Janus, et la schizophrénie mortelle dans laquelle nous entraîne une politique de Gribouille. La laïcité n'est pas aménageable : elle est, ou elle n'est pas. Toute concession est un anéantissement. Encore un effort, et elle ne sera plus.

À qui ces spécialistes de la palinodie croient-ils faire plaisir ? Aux islamistes ? Donner des gages à l'intolérance se paie un jour ou l'autre. Aux pédagogues, toujours attentifs à anéantir dans l'École ce qui peut l'être, et qui protestaient *mezza voce* contre la trop grande rigueur de la loi de 2004 ? Pas même le SE-UNSA, qui, s'il incite régulièrement le ministère à prendre les pires décisions pédagogiques, n'a pas sa laïcité dans sa poche.

Je crois plus simplement que le PS est engagé – et pas seulement dans l'éducation – dans une fascinante stratégie du « comment perdre ». Ou plus simplement qu'il cherche à radicaliser une opposition PS-Front national en marginalisant systématiquement l'UMP, empêtrée dans ses confusions internes. François Hollande s'en est récemment pris dans *Le Monde* au parti de Marine Le Pen, présenté comme l'adversaire essentiel des européennes, sans même parler de la droite classique. En montant une frange importante du pays (y compris les profs, cette fois) contre lui, il la pousse dans les bras de l'extrême droite, en espérant qu'ils sauteront, comme au jeu de l'oie, la case UMP. On ne sait jamais, plus il y aura de mécontents à fleur de peau, et plus 2017 a des chances d'être un 2002 à l'envers.

Oui, peut-être. Mais peut-être aussi que l'opinion publique, lassée des volte-face d'un gouvernement fantoche, ira là où va le vent qui aujourd'hui souffle sur les braises. Le gouvernement devrait se méfier : pour ce qui est de la démagogie, il y a plus fort que lui.

UN PEU PLUS DE VOILES…

Dans son édition du samedi 17 mai, le quotidien *La Provence* (organe de la gauche provençale) se penche sur le sort des malheureuses collégiennes musulmanes obligées, dans les quartiers nord de Marseille (et ailleurs, la cité phocéenne ayant une population immigrée qui depuis belle lurette occupe vaillamment le centre-ville), de se dévoiler chaque matin en arrivant en classe. Et de décrire la hantise matinale de « Sabrina », ôtant son jilbeb (le long voile brun qui l'enveloppe tout entière), conformément à la loi de 2004 sur l'interdiction des signes religieux en milieu scolaire. Les tenues peuvent être variées (hidjab, jupe longue ou foulard islamique), mais le refrain est toujours le même.

Le proviseur du lycée professionnel de La Calade, qui a, comme elle dit, « bien d'autres problèmes à gérer », participe à la commission laïcité du rectorat – une spécialité locale, les autres rectorats n'en ont pas éprouvé la nécessité. « Nous nous réunissons régulièrement avec des juristes, des historiens, des experts, et même un imam », explique Rodrigue Coutouly, référent académique pour l'éducation prioritaire au rectorat d'Aix-en-Provence. L'idée, c'est d'éclairer ce que la loi ne dit pas.

Ignorant que j'étais ! Je croyais la loi très claire : tout signe religieux est interdit à l'école, ou dans cette école hors les murs qu'on appelle la sortie scolaire. L'une de mes étudiantes l'an dernier a voulu porter son voile lors d'un voyage scolaire en

Angleterre, et l'administration, tout comme l'équipe enseignante, se sont montrées intransigeantes : une classe qui sort emporte le règlement intérieur à la semelle de ses souliers. Hors de question que le laxisme anglo-saxon (dont on sait désormais qu'il a entraîné certains établissements à appliquer un règlement intérieur strictement islamiste) s'applique à un groupe scolaire français.

Le problème, c'est que les tendances lourdes du système, parfaitement résumées par Benoît Hamon qui a effacé ce qui restait de l'œuvre laïque de son prédécesseur, vont dans un sens tout différent.

Premier mouvement : on minimalise le problème. « Une trentaine de jeunes filles sur 1500 élèves... » « Une question de mode... » « Parmi les musulmans de Marseille, ces milieux représentent une part infime », assure ainsi la sociologue de service, Françoise Lorcerie, longuement interviewée à la suite de l'article, et qui plaint dans un même élan compassionnel les apprentis djihadistes de Syrie et d'ailleurs : « Ils le font par désespoir, pour être quelqu'un, se construire un avenir là où il n'y en a pas, ou, tout au moins, là où ils ne parviennent plus à s'en imaginer un. Plutôt que de stigmatiser ces adolescents, il faut leur donner confiance en eux, dans une école bienveillante, qui ne se braque pas contre son environnement, son quartier. » Fini l'enseignement selon Jean Zay, qui expliquait que l'école devait être une forteresse où ne parviendraient pas les rumeurs du dehors. Mérite-t-il vraiment d'être panthéonisé, ou faudra-t-il attendre l'arrivée de l'extrême-droite au pouvoir pour qu'il le soit ?

Deuxième mouvement : la dramatisation. En page 1 du quotidien, sous le titre très explicite « Laïcité : l'école du compromis », on lit l'accroche suivante : « Dix ans après le vote de la loi, des chefs d'établissement des quartiers nord s'interrogent encore : comment faire appliquer le texte sans *exclure* les élèves voilées ? » « Des milliers d'exclusions par an », affirme Françoise Lorcerie. Quelques dizaines dans les faits.

Troisième mouvement : créer une commission ad hoc, non pas pour enterrer la question, comme on le fait d'ordinaire quand on crée une commission, mais pour faire admettre le contournement de la loi, au cas par cas. Et de fil en aiguille, pour faire modifier la loi.

Et là, on a affaire à une collusion entre les « sociologues » (« la loi de 2004 n'a pas eu que de bons côtés », dit Françoise Lorcerie, qui est venue défendre ses thèses dans mon lycée il y a deux ans) et des enseignants, idiots utiles des organisations islamistes, cinquième colonne involontaire d'un militantisme qui a choisi les filles et les femmes pour avancer ses pions.

Pour noyer le poisson, on s'appuie sur les conclusions de PISA qui affirment que la France est l'un des pays dans lesquels les discriminations sociales ne sont en rien gommées par l'école, et qu'elles sont même renforcées. Ce que des médias communautaires du type Ajib, dont le moins que l'on puisse dire est qu'il ne représente pas l'islam le plus modéré, relaient avec complaisance. Tout comme notre sociologue, qui se désole que les garçons, cette fois, soient eux aussi pénalisés par les méchants enseignants français, qui notent sans doute au faciès puisque dans notre pays n'existe aucune statistique ethnique. Françoise Lorcerie est connue par ailleurs pour sa défense bec et ongles des populations brimées par la laïcité à la française, qui a fait d'elle une inlassable activiste saluée par les organisations islamiques et les pédagogistes de toutes farines. Elle n'est pas la seule : son collègue Vincent Geisser a été accusé de « caresser les barbus dans le sens du poil », mais il ne renie rien de ses convictions – et Françoise Lorcerie le défend à toute occasion. Il existe une franc-maçonnerie des sociologues, avant-garde et caution « scientifique » des concessions en cours et des abdications à venir.

On fabrique ainsi une ambiance délétère, qui place forcément les enseignants en porte-à-faux : « Une radicalité qui me met très mal à l'aise », dit l'un ; « C'est dur de conserver une neutralité d'enseignant », avoue une autre. Je veux bien le croire. Quand la loi n'est plus une, mais dépend de l'interprétation des autorités locales, c'est l'autorité tout entière qui se délite.

Il est évidemment plus simple de ramener au niveau « sociétal » les problèmes vitaux dont l'École de la République est en train de mourir : le collège unique, qui dans ces quartiers est extraordinairement homogène, si je puis dire ; la difficulté dans ce contexte à faire passer une langue, prérequis pour aller plus loin dans l'acquisition des savoirs et de la culture ; l'autorité même, dont les manques sont automatiquement excusés sous prétexte de « discriminations », source, comme on le sait, de toutes les incompétences...

Pendant ce temps, on organise, à Marseille même, des classes-relais, des prépas à la prépa, où des élèves majoritairement issus de l'immigration trouvent enfin leurs marques, préparent et réussissent des concours difficiles parce qu'on leur a enfin appris à oser aller plus loin que le bout de leur famille et de leurs rites. Et au final, vont continuer leurs études à Grenoble, Lille, Toulouse, dans des IEP loin des Quartiers nord, et pour leur plus grand bien. Mais de cela, il ne faut pas parler. Une pédagogie sans concession, des programmes cohérents, les conditions effectives de la réussite, c'est difficile à mettre en œuvre. Toiletter une loi pour faire plaisir aux groupes de pression, en revanche...

Qu'un ministre fasse chorus avec ce que le laxisme et l'empathie mortifère ont de pire, c'est un comble. Il faut bien voir qu'un signal ambigu envoyé de la rue de Grenelle est reçu forcément cinq sur cinq par les recteurs les plus concernés (par exemple à Aix-Marseille, monsieur Ali Saïb, qui n'avait pas trouvé le temps, en décembre, de recevoir les profs de prépa en grève) et les chefs d'établissement. Et, en bout de chaîne, ce sont les enseignants qui affrontent les mères d'élèves qui viennent voilées aux réunions et participent voilées aux sorties scolaires, et qui gèrent au quotidien les élèves, qu'ils ont amenées voilées à une récente conférence de Thomas Piketty à l'Alcazar de Marseille – je peux en témoigner, j'y étais. Au Blanc-Mesnil, en région parisienne, lesdites mères, animées forcément des meilleures intentions et qui n'écoutent que leur conscience, et pas des prédicateurs déchaînés, se sont mobilisées pour exiger l'aménagement de la loi : Hamon les a entendues.

Marseille est peut-être une ville exceptionnelle, un laboratoire du laxisme ou une zone de renoncement. Les fondations financées par l'Europe décrivent la population marseillaise avec pitié, tout en oubliant de souligner que l'économie souterraine, entre autres celle de la drogue, crée une ville parallèle à côté de la ville officielle. Ici, la loi ne s'applique pas partout, et tout comme la police hésite à patrouiller dans certaines zones de la ville, les enseignants auraient bien tort de s'arc-bouter sur des principes vitaux pour la laïcité – et, à terme, pour la pédagogie : si l'on cède sur un point aussi central, on nous expliquera bientôt ce qu'il faut dire ou ne pas dire en cours, comme on nous a expliqué ce qu'il fallait donner à manger[21]. Ce n'est pas un problème réservé aux Quartiers nord d'une ville malade : c'est une gangrène obscurantiste qui touche une extrémité, avant de gagner le reste de l'organisme.

21 La question de la nourriture est loin d'être anecdotique. Lire à ce sujet la remarquable étude de Pierre Birnbaum, *La République et le cochon* (Seuil, 2013), qui analyse comment les Juifs se sont intégrés, depuis la Révolution, à la République.

LAÏCITÉ : LE DÉBAT, PREMIÈRE PARTIE

Dès le mois d'août 2013, la presse se faisait l'écho d'un rapport de la Mission laïcité (qui a fonctionné de décembre 2010 à juin 2013) du Haut comité à l'intégration (HCI), non encore finalisé à l'époque et aujourd'hui remis au gouvernement, qui suggérait, entre autres, d'élargir aux universités l'interdiction des signes religieux ostensibles et ostentatoires promulguée par la loi de 2004.

Le président de la commission, Alain Seksig (inspecteur de l'Éducation nationale), et l'un de ses membres éminents, Jean-Louis Auduc (professeur agrégé d'Histoire, chargé de cours à l'université Paris-Ouest-Nanterre), se sont confiés à moi pour nous éclairer sur les propositions qui, naturellement, ont fait bondir les bonnes âmes et hurler à l'islamophobie. Tout défenseur de la laïcité devient un « laïcard », tout partisan de l'École de la République devient un conservateur – un pelé, un galeux. L'Observatoire de la laïcité, un « machin » rattaché au Premier ministre et qui par ailleurs, dans sa grande mansuétude, s'oppose à une loi qui permettrait à des établissements semi-publics comme la crèche Baby-Loup de fonctionner normalement, a estimé qu'il s'agissait là d'un rapport mort-né.

Vous écrivez que, « depuis quelques années, on assiste par endroits à la montée en fréquence dans les institutions universitaires de revendications communautaristes, le plus

souvent à caractère religieux, qui mettent à mal la pratique de la laïcité et laissent parfois les autorités désemparées quant aux réponses à donner. » Qu'entendez-vous par là ?

Jean-Louis Auduc et Alain Seksig : Les contentieux intervenus sont nombreux et concernent tous les secteurs de la vie universitaire, qu'il s'agisse de demandes de dérogation pour justifier une absence, du port de signes d'appartenance religieuse, d'actes de prosélytisme, de la récusation de la mixité au niveau tant des étudiants que des enseignants, de la contestation du contenu des enseignements, de l'exigence de respect des interdits alimentaires, de l'octroi de lieux de culte ou de locaux de réunion à usage communautaire... La liste s'enrichit régulièrement de revendications nouvelles, comme ont pu en témoigner les auditions menées par la mission de réflexion et de propositions sur la laïcité du Haut conseil à l'intégration (HCI).

Comment expliquez-vous que la ministre de l'Enseignement supérieur, Geneviève Fioraso, affirme qu'il n'y a pas de problèmes liés aux pratiques religieuses dans l'université ?

Face à la montée des intégrismes dans de nombreux secteurs, un certain nombre de décideurs prennent souvent le parti de ne pas aborder une question avant qu'elle n'éclate au grand jour et ne débouche sur un fort débat médiatique. La mission laïcité du HCI, elle, a préféré se placer dans une optique d'anticipation et de prévention afin d'éviter de voir davantage encore monter tensions et crispations, déjà perceptibles par endroits, ainsi que le notait dès 2004 la Conférence des présidents d'universités. La poussée de « tendances communautaristes, le plus souvent à caractère religieux », était déjà relevée, voici 10 ans, par Michel Laurent, alors premier vice-président de la Conférence des présidents d'université (CPU) et président de l'université d'Aix-Marseille II. Dans le cadre d'un colloque, organisé en septembre 2003 par la CPU, intitulé « La laïcité à l'université », il affirmait que ce phénomène « constitue à la fois une réalité que certains d'entre nous vivent au quotidien et, plus largement, un sujet de crispation politique et de revendication dans notre société. »

Comment analysez-vous que, dix ans durant, les gouvernements successifs ne se soient pas émus de cet état de fait ?

Pour résoudre les problèmes, encore faut-il commencer par les considérer comme tels et les nommer. À l'orée du XXe siècle, Charles Péguy déjà nous exhortait à « accepter de dire ce que l'on voit et, plus difficile encore, d'accepter de voir ce que l'on voit. » C'est précisément ce qu'a fait la CPU en publiant, en 2004, un guide de la laïcité dans l'enseignement supérieur qui comprenait de fortes préconisations. La CPU a eu raison de le faire. Nous nous sommes largement inspirés de ce document et avons travaillé, au cours de ces deux dernières années, en parfaite intelligence avec son principal rédacteur. Un certain nombre d'établissements d'enseignement supérieur – et nous n'avons jamais dit que c'était le cas de tous – connaissent des tensions liées à la poussée des intégrismes religieux et communautaristes. Là encore, les réactions des responsables ne sont pas unanimes. Les uns préfèrent faire le dos rond et ne pas réagir ; on voit alors la situation se dégrader. D'autres, notamment par des rédactions précises et fermes dans le cadre de leur règlement intérieur, allant jusqu'à l'interdiction de tout signe ostensible d'appartenance religieuse, ont permis de limiter, voire de stopper, les dérives. Ce fut notamment le cas dans les universités de Lille et de Montpellier. Le Conseil d'État, dès novembre 1989, limitait déjà la liberté d'expression prônée par l'article 10 de la loi Jospin de juillet 1989 « lorsqu'elle contrevient aux exigences du service public, et ce, quel que soit le niveau d'enseignement. » Les outils législatifs existaient donc.

Peut-on imaginer que les gouvernements successifs ont cédé à des pressions ou qu'ils n'ont pas pris la mesure du problème ? Quels arguments ont été avancés pour limiter la loi de 2004 aux établissements d'enseignement du secondaire ?

L'enseignement supérieur français s'est énormément « massifié » depuis une dizaine d'années, puisqu'aujourd'hui deux élèves sur trois d'une même génération suivent des études post-bac. Les débats en 2004 ont réfléchi par rapport à l'enseignement supérieur que les membres des diverses commissions avaient connu étudiant plutôt que par rapport à l'enseignement supérieur tel qu'il se développait alors. Les arguments ont été assez similaires à ceux employés dans les débats menés au Parlement en 1904-1905 pour ne pas appliquer une laïcité stricte dans les collèges ou lycées ne possédant pas d'internat, en ne laïcisant pas leurs personnels (jamais aucune loi n'interviendra, il n'y a eu qu'un arrêt du Conseil d'État en 1912), ni les espaces scolaires (il faudra attendre Jean Zay en 1937) en maintenant les aumôneries et les lieux de culte : les élèves sont plus mûrs, plus âgés ; ce n'est pas la même posture d'être élève en primaire et en collège ou lycée... Et en 2004, les élèves dans l'enseignement supérieur sont majeurs, ce n'est pas la même chose d'être élève que d'être étudiant...

La massification de l'enseignement supérieur, le fait qu'un nombre significatif d'étudiants (en BTS, en classes préparatoires, dans des licences professionnelles...) sont concernés par loi de 2004, a conduit à un souci de cohérence des pratiques de laïcité pendant toute la durée des études des jeunes, quel que soit le lieu où ils étudient. Des personnalités auditionnées parlent même « d'actions souterraines » (associations cultuelles masquées, conférences à contenu politico-religieux...). Des professeurs nous signalent, par exemple, la difficulté qu'ils éprouvent parfois à organiser des binômes d'étudiants des deux sexes pour des travaux de groupe. Des étudiants développent des revendications identitaires, souvent à caractère religieux, et prétendent exercer une orthopraxie dans le cadre de leur établissement d'enseignement supérieur. On constate également un développement préoccupant de l'ostentation religieuse, en particulier vestimentaire de la part tant d'étudiantes que d'étudiants.

Ces dérives, et leur banalisation effective, ne favorisent-elles pas à la fois la radicalisation religieuse et une montée

de l'intolérance ? Une loi ne serait-elle pas le plus sûr moyen de bloquer, à terme, l'extrémisme religieux et les discours à caractère raciste ?

Il est fondamental aujourd'hui de réaffirmer dans la France républicaine le principe de laïcité qui doit être le bien commun de tous les établissements publics d'enseignement, quel que soit leur niveau. Une loi dans ce sens pourrait être une bonne réaffirmation. Elle pourrait d'ailleurs réaffirmer l'obligation du principe de mixité garçons-filles dans tous les établissements publics ou privés sous contrat, ce qui n'est pas le cas actuellement puisqu'il n'y a aucun texte de loi sur cette question, ce qui permet le développement sous différents prétextes d'établissements privés sous contrat ainsi que l'existence de dispositifs scolaires publics non mixtes.

Vous énumérez dans votre rapport un certain nombre d'atteintes au principe de laïcité. Quel fut le plus choquant des témoignages que vous avez recueillis ?

Nous avons auditionné de nombreux universitaires. Une enseignante de sociologie à l'université Paris-Ouest-Nanterre a témoigné de la résistance agressive à laquelle elle s'est trouvée confrontée lors d'un cours sur les castes : une trentaine d'étudiantes voilées ou portant de longues robes, nommées *abayas*, occupaient les premiers rangs et paraissaient guetter le moindre propos de l'enseignante pour y déceler d'inévitables relents colonialistes ! Lorsqu'elle nous a raconté l'épisode qu'elle avait vécu, cette enseignante était encore manifestement sous le choc.

Des professeurs de Lille 1 et Lille 3, pour certains syndiqués au Snesup (Syndicat national de l'enseignement supérieur), nous ont notamment fait part des difficultés qu'ils avaient rencontrées en cours de paléontologie, par exemple, où la théorie de l'évolution était violemment contestée, diffusion d'ouvrages d'un islamiste turc à la clé. En travaux pratiques de biochimie, c'est le port de voiles dits islamiques par des étudiantes qui refusent de l'enlever qui pose des problèmes de sécurité. Au cours de ces mêmes travaux pratiques, il s'est avéré certains jours impossible de former des binômes de travail, au nom de la récusation radicale de la mixité entre étudiants et étudiantes. Lors d'un premier cours en sciences économiques, le professeur invite les étudiants à inscrire leur nom sur un chevalet. L'une d'eux, voilée, dessine une foule rassemblée et inscrit « Allah est grand ». Devant son refus de changer d'attitude, le professeur finit par retourner lui-même le chevalet et finira par apprendre que cette étudiante, inscrite en alternance et donc salariée par ailleurs, ne portait pas le voile sur son lieu de travail mais entendait bien provoquer des conflits à l'université. À l'IUT B de Lille 3, il a été possible d'introduire dans le règlement intérieur de l'établissement un article mentionnant l'interdiction des signes religieux ostensibles dans les bâtiments et espaces extérieurs situés dans l'enceinte de l'IUT. C'est en sortant dans la rue que les étudiants retrouvent leur liberté de se vêtir comme ils l'entendent dans le respect du cadre légal actuel. Depuis l'entrée en vigueur, en 2005, de ce règlement intérieur – signé par les étudiants –, la sérénité est revenue dans cet établissement. À noter que ces universitaires lillois ont publié à la mi-octobre un communiqué, reproduit ci-après.

Vous recommandez que les examens et concours soient soumis à un strict principe d'identification des candidats. Est-il arrivé, à votre connaissance, que le port du voile puisse entraver cette identification ?

C'est notamment ce que nous a écrit un professeur de mathématiques de l'université Toulouse 3, confronté en octobre 2012 à l'impossibilité de contrôler l'identité d'étudiantes voilées lors d'un devoir surveillé. Le port de tout signe religieux cachant une partie du visage et des cheveux doit être interdit pour les photos d'identité ainsi que pour les cartes d'étudiant. Seule cette règle peut clairement permettre une identification qui soit incontestable. De même, il faut que les tenues ne facilitent pas la fraude. Demander à tous d'avoir la tête découverte sans voile ni turban, c'est éviter que puissent être ainsi dissimulés des écouteurs ou autres appareils électroniques. Auditions, enquêtes et déplacements ont fait apparaître le malaise grandissant de nombreux enseignants devant l'affichage délibéré, dans leurs cours, de signes et tenues manifestant ostensiblement l'appartenance religieuse des étudiantes et étudiants qui les portent.

Pensez-vous que l'exhibition de tenues religieuses fort peu discrètes est une manœuvre concertée de la part d'organisations religieuses visant à quadriller le terrain universitaire ?

Il est indéniable que, dans bien des cas, nous avons à faire à des militants et militantes. On ne peut reprocher à des militants d'agir ainsi. Mais on doit en vouloir à celles et ceux qui ont à confondre leurs menées souvent agressives et leurs agissements provocateurs, qui ont pour devoir de les contenir et les combattre en incarnant notamment le principe de laïcité, de ne pas le faire. C'est le rôle des fonctionnaires d'État que sont aussi les professeurs et, pour commencer, celui de leurs ministères de tutelle. Il est clair que, pour un certain nombre d'organisations intégristes ultra-minoritaires, il s'agit avec de telles pratiques d'essayer de recruter de nouveaux adhérents et de tester également la capacité de résistance des institutions pour défendre les valeurs de la République française.

Pour aller un peu plus loin, pensez-vous que le port ostensible de tenues religieusement provocantes est du libre choix des jeunes femmes qui les portent, comme elles le prétendent souvent, ou qu'elles sont victimes d'une pression idéologique ?

Dans une société où règnent les discriminations de toutes sortes, ballottée entre repli individualiste et repli communautariste, il est clair qu'une forte pression idéologique visant à être « comme ceux à qui je ressemble » s'exerce dans certains quartiers et encore plus chez les converties, dont il ne faut pas sous-estimer le nombre et qui sont souvent les plus tentées par les démarches les plus extrémistes. Dans une société mondialisée du chacun pour soi, où l'avenir apparaît sombre, l'aspiration millénariste religieuse trouve dans son aspect le plus fondamentaliste un écho nouveau en refusant l'autre. On le voit aujourd'hui, avec des exemples qui abondent, pour toutes les religions, du catholicisme aux néo-évangélistes, des orthodoxes aux bouddhistes, de l'islam au judaïsme en passant par l'hindouisme...

Plus généralement, vos recommandations sur l'enseignement du principe de laïcité dans les universités ne témoignent-elles pas, comme la « charte de la laïcité » publiée par Vincent Peillon, d'un sentiment de danger imminent ?

Nous vivons depuis les premières affaires de voile, en 1989, avec le sentiment d'un grignotage incessant des principes républicains qui faisaient que la société se tenait debout, parce qu'ils étaient compris d'eux, permettaient aux citoyens rassemblés par-delà leurs différences de faire société. Se tenir debout est d'ailleurs le sens premier du verbe « instituer » (en latin *instituere*). Étymologiquement, l'instituteur est celui qui aide l'enfant à se tenir debout, à s'élever. Tout comme les institutions permettent précisément la cohésion d'une société. Face à cette montée des fondamentalistes, il y a urgence à ce que la République réaffirme plus que jamais ces valeurs, et développe l'idée que les structures éducatives tout au long de la scolarité – et même dès la petite enfance pré-scolaire – ont un rôle fondamental à jouer pour donner à tous une culture commune et partagée susceptible de permettre à tous et à chacun d'advenir ensemble. Cela signifie que, dans l'espace scolaire et universitaire, aucune croyance n'est légitime pour remettre en cause par des tenues, des actes ou des paroles les lois communes et les programmes d'enseignement. La liberté religieuse a toute sa place dans l'espace privé. Elle ne peut légitimer une remise en cause des contenus d'enseignement décidés par la nation.

LAÏCITÉ : LE DÉBAT, DEUXIÈME PARTIE

L'Observatoire de la laïcité, présidé par Jean-Louis Bianco, a réagi avec célérité à ma double interview d'Alain Seksig et de Jean-Louis Auduc, membres de l'ex-Mission laïcité du Haut comité à l'intégration. Plutôt que de reproduire des commentaires qui renvoyaient nécessairement aux questions que j'avais posées, j'ai préféré demander à Jean-Louis Bianco de s'exprimer à son tour sur les difficultés fondamentales liées à l'exercice de la laïcité dans les universités, mais aussi dans les organismes de service public (ou d'utilité publique). Les différences entre les positions de la mission et celles de l'observatoire sont nombreuses et éloquentes. Je laisse les lecteurs apprécier les options des uns et des autres, prendre un cours gratuit de langue de bois, et se faire une opinion. Cela n'épuise pas le sujet brûlant de la laïcité, de son sens et de son application – ou de sa contestation, ouverte ou rampante. Tout cela reste donc « à suivre ».

Vous vous êtes à plusieurs reprises déclaré partisan d'une « laïcité apaisée ». Mais, de la loi de 1905, qui mettait un terme aux dissensions entre la République et le catholicisme de combat inspiré par le *Syllabus* de Pie IX, à celle de 2004, qui pensait régler la question de l'entrisme religieux à l'école, la laïcité n'a-t-elle pas toujours été un principe d'apaisement ? Et les religions, au contraire, n'ont-elles pas constamment été tentées de rallumer des conflits ?

Jean-Louis Bianco : La laïcité s'est construite à une époque où l'Église catholique était fortement impliquée dans la société française, jusque dans le choix de ses options politiques. Mais elle a été conçue dans un esprit, non pas d'opposition aux religions, mais, comme vous le dites, d'apaisement et de vivre-ensemble. Elle n'a pas été conçue pour empêcher la pratique d'un culte, mais pour permettre la cohabitation de toutes les croyances et de toutes les philosophies de pensées au sein de la République et dans le respect de l'ordre public. L'État laïque ne reconnaît aucune religion, mais permet le libre exercice de toutes les religions. La laïcité n'est ni une tendance ni une opinion, encore moins un dogme, mais une valeur commune à tous.

Le 25 juin dernier, vous déclariez que « les atteintes à la laïcité ont peut-être été surestimées. » Mais cela ne laisse-t-il pas aux opportunistes de tout poil la possibilité de souligner que toute atteinte à la loi est en soi un délit – et qu'il n'est pas possible d'en tolérer quelques-unes sous prétexte qu'elles seraient isolées et non coordonnées, ce qui reste à démontrer ?

Ce que j'ai rappelé, c'est le premier état des lieux établi à la fois par les différentes administrations publiques et par des entreprises privées. Il s'avère que, sans les occulter ni les tolérer, les atteintes au principe de laïcité sont moins nombreuses que ce que l'on pouvait craindre. Ce constat sera bien entendu à vérifier, mais, de fait, il n'est pas le même que celui dont font état certains médias. Dans notre point d'étape de juin dernier, nous appelions d'ailleurs les médias à la prudence dans le traitement qu'ils font de la laïcité. Ce principe fondamental est régulièrement utilisé, à tort, comme réponse à tous les problèmes de la société, y compris lorsque ceux-ci relèvent d'abord des politiques publiques de lutte contre toutes les discriminations ou de l'intégration. Évidemment, toute atteinte à la loi doit être sanctionnée. C'est précisément ce que rappelle avec force l'avis adopté à l'unanimité le 15 octobre dernier par l'Observatoire de la laïcité et intitulé « rappel à la loi ».

Vous avez déclaré (conférence HCI-CNAM du 14 mai 2013) : « Il ne s'agit pas d'imposer nos idées avec orgueil et impérialisme aux autres pays, il s'agit de prendre conscience du trésor que nous possédons, produit de notre propre Histoire. Faisons-le vivre chez nous, et apportons-le dans un débat pour construire ce qui sera l'équivalent de la laïcité en Europe, et partout dans le monde. » Cependant, tout comme les révolutionnaires de 1789 n'ont pas hésité à exporter les Droits de l'homme, ne pensez-vous pas qu'il serait souhaitable d'étendre les principes laïques aux pays qui aujourd'hui les méconnaissent, ne serait-ce que pour dissuader ceux qui, ici, les contestent de se référer à des modèles archaïques, au lieu de se conformer à la loi de la République ? Vous estimiez dans cette même conférence que « la laïcité est plus que jamais adaptée à l'actualité, aux tensions que traverse la société française, et aux difficultés des pays qui cherchent leur propre voie vers une démocratie » : dans un contexte international de crises dans les pays arabes, qui suscitent à distance, chez nous, des vocations dangereuses, ne faudrait-il pas envoyer un signal fort pour dire que la laïcité n'est pas soluble dans le fanatisme ?

Sur l'universalité de la Déclaration des droits de l'homme, je vous invite à lire l'exposé, publié dans notre point d'étape de juin dernier, de M. Daniel Maximin, écrivain et membre de l'Observatoire de la laïcité. Il écrit notamment : « La Révolution française procède des Droits de l'homme, elle ne les a pas inventés, elle les a célébrés puis inscrits dans un texte fondateur. » Pour répondre à votre deuxième question, il est évident que la laïcité n'est pas soluble dans le fanatisme. Mais là, nous parlons d'ordre public et de démocratie plus encore que de laïcité. Ceci étant dit, la promotion de la laïcité, y compris à l'extérieur, est importante parce qu'elle est capable d'apporter des réponses au vivre-ensemble dans des pays très divers. Face à certaines incompréhensions extérieures sur ce qu'est la laïcité, nous devons rappeler qu'elle n'est pas instituée pour empêcher la liberté de penser ou de vivre sa croyance, mais pour permettre la pluralité des expressions des croyances et des convictions sans tolérer la domination d'aucune. Elle garantit la liberté de croire ou de ne pas croire.

Geneviève Fioraso, que vous avez consultée, a déclaré qu'il n'y avait pas, dans l'université française, de problèmes liés à un quelconque entrisme religieux. Cependant, les interviews menées par la mission laïcité du HCI, en partie relatés dans l'interview donnée au Point.fr par Alain Seksig et Jean-Louis Auduc (et soumise à d'autres membres de la mission) concordaient largement sur les pressions exercées sur les enseignants (et les enseignements) par des fanatiques exhibant avec bonne conscience les tenues et les idées d'un obscurantisme religieux convaincu. Le président de la CPU a curieusement tenu un discours aux nuances fort diverses, selon qu'il se trouvait devant les membres de la Mission laïcité ou devant la ministre, et en tout cas assez peu conforme à ce qui remonte des universités. Ne conviendrait-il pas de remettre à plat tous les témoignages, et de s'interroger sur l'origine du sentiment de forteresse assiégée qui monte aujourd'hui dans nombre d'universités, aussi bien parmi les enseignants que parmi les étudiants ?

Ce constat est le vôtre et je ne crois pas qu'on puisse le généraliser. Les remontées, à la fois des universités, de la Conférence des présidents d'universités (CPU) et de l'administration, sont très claires : il y a selon eux très peu de problèmes liés au fait religieux à l'université qui ne soient pas réglés par le dialogue. Un seul exemple : la médiatrice de l'Éducation nationale et de l'Enseignement supérieur n'en a recensé que deux. Je ne dis pas qu'il n'y a pas de problème, certains enseignants ont pu en constater. Mais gardons-nous de dramatiser la situation en faisant de la publicité malvenue à des sectaires qui restent minoritaires. Là encore, lorsque la loi n'est pas respectée, il faut la faire respecter. C'est pourquoi, je l'ai dit, nous venons d'adopter à l'unanimité un avis qui s'adresse à l'ensemble des acteurs de terrain et des usagers. Ce « rappel à la loi », que vous pouvez télécharger librement sur notre site Internet, rappelle ce que la laïcité permet et ce qu'elle interdit.

Dans le même ordre d'esprit, lorsque vous-même avez déclaré que « la question de l'interdiction du voile à l'université (où, par ailleurs, les personnes sont majeures, ou l'indépendance est très forte, où la liberté d'expression est érigée très haut, etc.) n'était pas à l'ordre du jour », ne péchiez-vous pas un peu par optimisme ? Le fait que des personnes soient majeures peut-il excuser des discours et des attitudes contraires aux Lumières que l'université a pour mission de diffuser ? D'autant que certains secteurs de l'enseignement supérieur (classes prépas ou BTS, entre autres), constitués d'élèves tout aussi majeurs, suivent sans encombre les consignes de la loi de 2004. Et l'obscurantisme proclamé fait-il partie de la liberté d'expression ?

Comme je vous l'ai dit, je n'ai fait que rappeler le constat établi par les premiers concernés, à savoir les universités et les administrations gestionnaires. Je ne crois pas que l'on puisse s'abstenir de leur avis sur la question ou le considérer comme « nul et non avenu ». Quant aux comportements dont vous parlez, les règlements intérieurs des universités sont là pour y répondre. Il s'agit de règles évidentes de discipline sur lesquelles il n'est pas question de transiger. Enfin, je vous rappelle que la loi réprime déjà toute dérive sectaire, c'est-à-dire tout dévoiement de la liberté de pensée, d'opinion ou de religion qui porte atteinte à l'ordre public ou à l'intégrité des personnes. Sur ce point, la Miviludes[22] et le ministère de l'Intérieur conduisent un travail essentiel que l'Observatoire de la laïcité appuie sans réserve.

D'ailleurs, cette même « liberté d'expression » proclamée à l'article 10 de la loi Jospin de juillet 1989 a entraîné, très vite, diverses affaires qui ont cristallisé dans l'opinion publique les sentiments les plus radicaux, d'un côté comme de l'autre, et a finalement été amendée par la loi de 2004. Une loi n'est-elle pas nécessaire pour bloquer les dérives aujourd'hui constatées non seulement dans les universités mais dans un

---

22 Mission interministérielle de vigilance et de lutte contre les dérives sectaires.

grand nombre d'organismes de service public ou d'utilité publique (je pense à l'affaire de la crèche Baby-Loup, mais aussi à divers témoignages, dans les hôpitaux ou ailleurs)?

Lorsque j'étais député, en amont de la loi de 2004, j'ai effectivement constaté une attaque organisée contre certains principes républicains à l'école. Il fallait donc agir et nous l'avons fait, dans un esprit de consensus. Mails il faut user de l'arme législative à bon escient. Sur l'affaire Baby-Loup, les auditions de l'Observatoire nous ont montré une situation de terrain et un déroulement de l'affaire assez éloignés de ce qu'en ont pu dire certains médias. L'histoire de cette crèche est profondément liée à celle du quartier (et à ses habitants) dans lequel elle a été créée et dont elle est l'émanation. Le litige qui est à l'origine de l'ensemble de l'affaire était-il réellement aussi emblématique qu'on l'a dit? Aurait-il pu être réglé plus simplement? L'Observatoire a émis un avis sérieux sur la question. Nous y rappelons qu'un règlement intérieur précis permet aux crèches privées (comme Baby-Loup) qui le souhaitent de poser des restrictions au fait religieux, y compris concernant le port d'un voile[23]. Nous rappelons aussi la possibilité de contracter une délégation de service public (DSP) qui assurerait aux crèches privées une neutralité religieuse totale dès lors qu'elles accepteraient un contrôle des collectivités publiques. Bref, les solutions existent. En plus de développer de telles délégations de service public, l'Observatoire propose au gouvernement d'une part d'édicter une circulaire interministérielle et de labelliser des guides pratiques afin de mieux gérer le fait religieux dans les crèches et les entreprises en général; d'autre part de proposer la diffusion de «chartes de la laïcité» dans les différentes administrations, à l'image de ce que nous avons fait avec la «charte de la laïcité à l'école». Et dans le cas où, à l'avenir, les pouvoirs publics souhaiteraient

23 Rappelons que depuis la date de cette interview, l'affaire Baby-Loup a été jugée et les plaignantes déboutées. L'une des rares victoires de la laïcité en cette époque de concessions sans bornes à tous les chevaux de Troie de la superstition et du fanatisme religieux.

néanmoins légiférer, l'Observatoire de la laïcité recommande d'éviter toute « loi d'émotion » et rappelle que l'option législative supposerait, au préalable, une concertation entre groupes politiques parlementaires afin de permettre un débat serein évitant toute instrumentalisation partisane.

Nous défendons les mêmes valeurs. Ne pensez-vous pas que la politique d'apaisement que vous préconisez laisse le champ libre à de vrais antirépublicains et étaye les rumeurs les plus folles ? De même, le fait de ne pas entendre les propositions de la Mission laïcité, que vous aviez pensé auditionner, mais qui ne l'a pas été, ne risque-t-il pas d'inciter des politiques opportunistes à reprendre ces propositions – en les caricaturant ? Ne vaudrait-il pas mieux adopter une politique volontariste et tuer dans l'œuf un discours extrémiste que tout atermoiement, en ce moment, nourrit en quelque sorte par défaut ?

Bien au contraire, je pense que parler systématiquement des « intégristes », leur faire une incroyable publicité et les confondre bien trop souvent avec les musulmans – qui pratiquent leur religion comme d'autres croyants et sont laïques de la même façon –, renforce à la fois les sectaires religieux et les extrémistes politiques. Nous traversons une crise économique et sociale qui conduit nombre de nos concitoyens à se replier sur eux-mêmes ou à trouver refuge auprès de ceux qui leur apportent repères et réponses « toutes faites ». Nous devons donc agir pour donner à nouveau confiance en l'idéal républicain et en un avenir collectif. Par ailleurs, il est faux d'affirmer que nous n'avons pas pris en compte ce qu'a fait l'ancienne Mission laïcité du HCI. Plusieurs de ses anciens membres siègent désormais à l'Observatoire de la laïcité et plusieurs des propositions émises dans le document sur l'université ont déjà été discutées ou le seront. Quant à la « charte sur les services publics » que le HCI avait remise au Premier ministre en 2007, nous en avons recommandé la diffusion dans toutes les administrations.

LEONARDA 1, FRANCE 0

Chaque époque a les « affaires » qu'elle mérite. La Troisième République a eu l'affaire Dreyfus. Nous, nous avons Leonarda.

Le président de la République a un droit de haute et basse justice, et pouvait même, dans l'ancien temps (il y a encore trente ans), épargner du travail au bourreau. Mais la décision de François Hollande (faire revenir une gamine qui pratique l'absentéisme scolaire comme l'un des beaux-arts) me plonge dans des abîmes de perplexité, comme on dit d'ordinaire quand on a parfaitement compris.

Primo, elle est contraire à la loi, ce qui est d'un fâcheux exemple pour la jeunesse, qui s'est aussitôt engouffrée dans la brèche ouverte par le président de la République et a manifesté pour réclamer le retour de Leonarda, de sa famille, de la Roumanie tout entière et des 2 milliards de vrais pauvres qui frappent à la porte, et pour qui l'obtention de prestations sociales (payées probablement par ces mêmes jeunes qui s'insurgent et qui n'y ont pas encore pensé...) serait un nirvana aujourd'hui inenvisageable.

Secundo, elle est tout simplement cocasse et immorale. Comment ? Pour privilégier une adolescente, on la séparerait de ses parents, alors même que l'on cherche, ici, à les faire entrer tous les jours dans l'école, arguant que l'Instruction doit donner la main à l'Éducation ? Et après ? On demande à Harlem Désir de l'adopter ? Cela me fait penser à cette proposition de 1793 de retirer les enfants, à l'âge de six ans, à des parents forcément imbus de principes monarchiques afin de leur faire téter le lait républicain dans des instituts adéquats, jusqu'à leur majorité. On y renonça – les Jacobins avaient leurs limites. Mais Robespierre aurait-il flanché sur Leonarda ?

Et pendant ce temps-là, comme chantait Bécaud dans *La corrida*, l'École s'enfonce dans l'inefficience, le politiquement correct et la haine de la performance. Nous n'avons vraiment aucune autre priorité scolaire que de nous soucier d'une gamine pour laquelle l'École ne fut jamais une priorité ?

Leonarda, donc. Cette adolescente, qui a appris juste assez de français pour tenir la dragée haute à un président de la République trop timoré pour approuver l'action de son ministre de l'Intérieur, sent qu'elle a en main quelques bonnes cartes à jouer. À commencer par la complicité active des médias, ravis de l'aubaine, l'indignation des bobos, les beuglements de Jean-Luc Mélenchon (de plus en plus seul, le pôvre, le PC vient de le lâcher à Paris, il faut bien qu'il continue à exister en hurlant à la lune) et le soutien sans faille d'un parti (EELV) qui pèse 2% des voix, mais à qui on a offert quelques ministères et une voix prépondérante dans les négociations électorales. Duflot 1, Hollande 0. Jean-Vincent Placé bientôt Premier ministre ?

L'infernale créature a même le soutien d'une partie du PS...

Et pendant ce temps-là, le chômage continue de grimper, les salaires de stagner, les impôts d'augmenter...

... Mais c'est moins glamour, dans la dictature du *storytelling*, que les mensonges d'une famille qui flaire le pactole à portée de paresse.

La machine médiatique, jamais aussi à son aise que lorsqu'elle brasse du vent, relaie les pitreries de Mélenchon et celles d'EELV, dont les ministres, sur cette base, devraient être immédiatement priés de quitter un gouvernement où ils risquent de côtoyer Manuel Valls : ce pourrait être contagieux, le courage de faire respecter la loi...

Et pendant ce temps-là, les rebelles syriens que nous avons failli épauler tiennent toujours des journalistes français en otages et massacrent alaouites et chrétiens. Et les Libyens que nous avons aidés s'enfoncent dans l'anarchie – nous devrions peut-être leur renvoyer Bernard-Henri Lévy... Quant au Mali, à la Centrafrique, et autres contrées où l'Islam pousse ses feux, nous en attendons des nouvelles.

Mais Leonarda trône en une des grands journaux – *L'Huma* compris… On part l'interviewer, on cueille ses moindres desiderata : revenir en France et ne rien faire pendant que Papa fera bouillir la marmite, en sus des allocations généreusement versées par la République, bonne fille, en se livrant à de petits trafics ou des délits ordinaires – et en explosant la tronche de ses enfants, pour autant que l'on sache.

Au passage, l'affaire déclenche sur la Toile (et surtout sur Twitter, le nouvel *open space* des éructations anonymes) un déluge de racisme premier degré à gerber. Marine 1, Hollande 0. Quand Mitterrand faisait monter le FN, c'était de propos délibéré. Mais là, on félicite Brignoles, si je puis dire. En attendant les autres.

Et pendant ce temps-là, les voiles s'imposent dans les facs, comme ils s'imposent dans la rue. Et notre société se demande et pourquoi, et comment – incapable, elle aussi, de prendre des décisions claires. On devrait organiser un nouveau colloque sur le sexe des anges, comme à Constantinople au moment même où les Turcs prenaient d'assaut la ville...

Si Leonarda a manqué 11 jours de cours en un mois (c'est-à-dire, compte tenu des dimanches et autres jours fériés, qu'elle n'a été en cours qu'un jour sur deux), c'est parce que ni elle, ni ses parents, ni la quasi-totalité des Roms, comme l'a souligné Valls, n'ont aucune envie de s'insérer dans une société française qui ne leur convient pas : aller en classe, c'est apprendre une culture commune, souvent fort différente de la « culture » familiale[24]. C'est apprendre l'assiduité et le respect, en même temps que *Phèdre*, Corneille, Darwin et Pythagore, et non pas s'acharner à trouver un intrus dans cette liste sous prétexte que ses propos ne sont pas conformes au Coran (ou à Dieu – si je puis dire – sait quelle croyance).

Qu'on me comprenne bien : non seulement, arrière-petit-fils d'Italien que je suis, je n'ai rien contre l'immigration, mais je suis sûr, sans être démographe professionnel, qu'elle nous est absolument nécessaire, en France et en Europe. Mais les Canadiens, chez lesquels certains jeunes et pas mal d'élites s'exilent volontiers, ou les Australiens (chez lesquels d'autres jeunes, etc.) sélectionnent soigneusement les candidats à l'immigration, imposent l'usage de la langue et retiennent finalement ceux qui manifestent des aptitudes à s'insérer dans le tissu social du pays. Si l'Europe, qui ne fut jamais qu'une association de banquiers et de patrons gloutons, avait compris ces évidences, elle n'en serait pas à ramasser des cadavres autour des îles italiennes ou maltaises.

Ni le Canada, ni l'Australie, ni aucun des pays qui pratiquent l'immigration choisie, maîtrisée, contingentée, ne sont suspectés d'être racistes. Mais la France, elle, est accusée de toutes les xénophobies par des médias anglo-saxons qui ont certainement une idée derrière la tête – le *french bashing* a commencé au XIVe siècle avec la guerre de Cent Ans et ne s'est jamais interrompu depuis – et par ses propres chiens de garde. C'est qu'à force d'imposer l'antiracisme, il produit ordinairement son contraire. Seule la culture permet de penser : le racisme germe bien dans des crânes vides – et question vacuité concertée, l'École des trente dernières années s'y entend à merveille.

---

24 Autant être clair : je mets ici des guillemets parce que ces « cultures » familiales auxquelles se réfèrent sans cesse les partisans d'un Munich civilisationnel sont des importations. Je respecte tout à fait ces mêmes cultures sur leurs lieux spécifiques d'expression, et me déchausse quand je visite la mosquée bleue d'Istanbul. Mais ici, il s'agit d'une culture rapportée, juste un pion que l'on avance, petit à petit, un cheval de Troie pour prendre d'assaut, un de ces jours, l'ensemble de notre pays.

Il est des enfants d'immigrés qui, chaque jour, prouvent leur envie de s'intégrer dans la culture française ; qui chaque jour donnent le meilleur de leurs capacités, et sont tout à fait remarquables. Que nous importe alors qu'ils mangent ou non du cochon – chez eux ? Il en est d'autres qui ont du mal, mais qui s'acharnent, s'efforcent, font de leur mieux et réimportent à la maison les idées enseignées dans les classes. C'est ainsi que le petit Valls, fils d'immigrés catalans, est devenu ministre français. C'est par le travail, et rien que le travail, que l'on acquiert le droit d'être français – non par le droit du sang, comme les Allemands, pas même par le droit du sol. (Montesquieu disait fort justement qu'il était Homme avant d'être français.) Mais, d'abord, par le droit de la sueur.

Mais avant que nous consentions à faire à nouveau transpirer Leonarda et ses condisciples en classe, il coulera de l'eau sous le pont des refondations et autres gadgets de l'impuissance gouvernementale.

LEONARDA, SUITE SANS FIN

« Il faut sanctuariser l'école », a dit Vincent Peillon mercredi à la sortie du conseil des ministres. Parlait-il de l'entrisme religieux et des tentations communautaristes dans l'école (et l'université) de la République ? Évoquait-il la balkanisation de l'espace pédagogique, mité de voiles islamiques ? Suggérait-il une tolérance zéro face aux tenues provocatrices, aux chaussettes remontées sur les survêtements – le chic du chic en ce moment –, aux barbes exigées de tous ? Réagissait-il aux demandes des enseignants musulmans, choqués (si !) de ne pas avoir eu, mardi, le jour de congé qu'ils demandaient pour fêter l'Aïd ?

Mais non ! Il évoquait, sans le nommer, Manuel Valls, responsable de l'expulsion d'une petite Rom récupérée par la police lors d'une sortie scolaire : le ministre de l'Intérieur a eu beau expliquer aux belles âmes que tous les recours avaient été épuisés et qu'un étranger en situation irrégulière doit être expulsé, rien n'y fait, la gauche et EELV demandent à grands cris la démission du seul ministre qui agit un peu.

Alors, entendons-nous : je suis complètement d'accord avec Vincent Peillon. La police n'avait pas à intervenir lors d'une sortie scolaire. Elle ne serait pas intervenue dans un établissement, et une sortie, c'est l'établissement hors les murs : le « sanctuaire » accompagne les élèves et leurs accompagnateurs.

À ce propos... Jeudi dernier, j'assistais à l'Alcazar de Marseille à une (excellente) conférence de Thomas Piketty, l'économiste qui sait faire parler les chiffres. Il a imaginé un plan réaliste de remise à plat du système fiscal français, qui n'est fait que d'exceptions en faveur des plus riches. Il fut un temps proche de Ségolène Royal (en 2007) puis du PS, sans en être. Aujourd'hui, il est visiblement en colère devant les renonciations successives de l'équipe Hollande, qui n'avait qu'un adversaire, le capital, comme chacun sait, mais qui lui sert la soupe et les croûtons avec diligence.

Divers enseignants avaient amené là leurs classes – nous, c'était une hypokhâgne BL. Et, venant du lycée Diderot (XIIIe arrondissement de Marseille, en plein dans ces Quartiers nord qui font si régulièrement parler d'eux), une classe de terminale ES avec, au beau milieu, assise juste devant sa prof qui couvrait de son autorité la sortie scolaire en question, une musulmane voilée de la façon la plus ostensible et la plus stricte. J'ai protesté en vain : « J'ai l'accord de mon chef d'établissement », a répondu ma collègue (l'est-elle ?) à mes remontrances.

Les élèves en sortie scolaire emportent en théorie avec eux, sur leur dos et sur leur tête, le règlement du lycée. Lequel stipule, depuis la loi de 2004, que l'on ne doit pas exhiber en milieu scolaire de signe religieux ostensible.

Ah oui, l'accord du chef d'établissement ?

Eh bien, Monsieur le Ministre, puisque vous voulez re-sanctuariser l'école, allons-y : arrêter une gamine lors d'une sortie scolaire était un abus de force, il faut le dire. Mais tolérer que des élèves s'exhibent voilées dans des sorties pédagogiques, c'est aussi abusif. Bien sûr, il faudra expliquer aux bonnes consciences – vos collègues du conseil des ministres, vos amis de Solferino et d'ailleurs, les Verts des beaux quartiers et tous les bobos des arrondissements centraux de Paris et d'ailleurs –, qu'une politique à double détente est intolérable. Il est inadmissible qu'on expulse une lycéenne alors qu'elle est au lycée. Il est incompréhensible qu'un proviseur de lycée, parce qu'il travaille dans un quartier sensible et que son lycée est classé en ZEP, autorise une enseignante à tolérer l'ostentation religieuse, alors même qu'il a affiché le Code de la laïcité récemment expédié par son ministre.

Parce que si le droit doit être suivi, la République doit être respectée. Et la pierre de touche du respect, aujourd'hui, c'est la laïcité : dis-moi ce que tu tolères, et je te dirai pour qui je vote, moi, mes collègues, et tous les autres, tous les républicains fervents qui ne supportent plus les coups de canif dans ce qui devrait être le respect de la stricte neutralité laïque.

LES BONNES QUESTIONS

Un certain Collectif Racine (le français est, paraît-il, la langue de Racine, mais c'est aussi celle de Céline ou de San-Antonio), composé d'enseignants qui soutiennent Marine Le Pen, me cite volontiers parmi ses centres d'intérêt. Parallèlement, le FN m'emprunte un certain nombre d'arguments dans son programme. Est-ce à dire, comme me l'a demandé récemment un journaliste de *La Croix*, que je suis, moi aussi, un gars de la Marine ?

Et si le FN déclarait demain que la Terre tourne autour du Soleil, faudrait-il supposer que Galilée cotise au parti de Jean-Marie ?

Les constats du FN, repris par ledit Collectif, sont à peu près tous corrects. Tant pis si cela chatouille ou gratouille les enseignants qui ont voté Hollande, navrés de voir Vincent Peillon ne pas toucher aux programmes, ni aux méthodes, ni à la mainmise sur l'École des pédagogistes les plus fumeux, recyclés dans les ESPE après avoir sévi dans les IUFM. Navrés aussi de voir des syndicalistes les plus bornés, membres de droit de la future Commission des programmes qui se met aujourd'hui en place afin de réduire encore, si se peut, les savoirs transmis aux élèves. Choqués d'apprendre la présence, dans la future Commission des programmes, des spécialistes auto-proclamés les plus fourbus. Et l'absence de tout enseignant, à l'exception de Denis Paget, retraité du SNES et du second degré.

Les profs pleurent sur leurs forums. Mais ils sont bien forcés de constater que le FN énonce quelques vérités premières : oui, l'École va mal ; oui, les parents ne sont pas contents ; oui, c'est l'ignorance que l'on enseigne ; oui, la République a mal à l'École, symptôme fatal de son sentiment de perdition ; et oui, il y a des couplets quasi chevènementistes dans certaines incantations du FN, et ce n'est pas tout à fait un hasard, puisque Florian Philippot, vice-président du FN, était chevènementiste. Pas un hasard non plus si un vrai républicain comme Nicolas Dupont-Aignan tient aujourd'hui un discours quasi identique.

Mais si ce sentiment existe, c'est que la gauche a abandonné les enseignants en rase campagne, persuadée qu'ils voteront quand même pour elle, en cas de duel Marine/François. Ah oui ? Eh bien, s'ils comptent sur un 2002 à l'envers, ils se trompent : combien d'enseignants, malgré les mauvais coups de Chatel, se sont abstenus en 2012...

Que dit le FN ? Que « l'élitisme républicain, qui repose sur une exigence collective et sur l'effort individuel, est le meilleur levier pour assurer l'égalité des chances » : oui. Que « le laxisme scolaire enferme les plus défavorisés sur le plan culturel et social et permet la reproduction héréditaire des élites » – c'est évident, même si les têtes molles du SGEN et du SE-UNSA, si actives rue de Grenelle, croient toujours que les incantations sur le collège unique « toujours pas accompli » et la carte scolaire « à réactiver de manière rigide » suffiront à améliorer une situation dont ils sont pleinement responsables.

Et le Front de citer Platon : « Lorsque les maîtres tremblent devant leurs élèves et préfèrent les flatter, lorsque les jeunes méprisent les lois parce qu'ils ne reconnaissent plus au-dessus d'eux l'autorité de rien ni de personne, alors c'est là en toute beauté et en toute jeunesse le début de la tyrannie. »

Je n'ai pas à prouver que je ne suis pas un pilier du FN, je me suis déjà expliqué sur ce point avec une clarté dont certains pourraient s'inspirer[25]. Je suis fondamentalement irrécupérable...

Alors, entendons-nous. Je ne ferai pas un faux procès au FN pour savoir si ce parti (qui désormais porte plainte dès qu'on le qualifie d'extrême droite) pense ou non ce qu'il écrit. Je ne me fie qu'à ce qui se fait effectivement.

Et que fait le gouvernement socialiste ? Il entérine, sur de nombreux points, ce qui s'est fait sous Sarkozy, à l'Université, par exemple : Fioraso, c'est Pécresse moins l'intellect. Il se lance dans un projet fumeux d'aménagement des rythmes scolaires sans voir (sans vouloir voir) que ce qui manque aux enfants, aujourd'hui, ce n'est pas une initiation, sur le temps péri-scolaire, à la bourrée auvergnate ou au chapeau rond des Bretons, ton-ton, encore moins aux langages informatiques comme le suggère aujourd'hui Benoît Hamon, mais une vraie maîtrise du français, des maths, de l'Histoire, des sciences – bref, un vrai plan qui viserait à la réduction de ce taux aberrant de 17% (chiffre officiel) d'élèves ne maîtrisant rien, mais alors rien, à l'entrée en sixième. Une demi-journée de plus, oui, mais pour y distiller des savoirs, et non du divertissement démobilisateur.

Retour au programme du FN. « L'école doit être un sanctuaire, mettant à l'abri des modes et des lubies l'exigence de transmission des savoirs, des connaissances et du goût de l'effort. Les méthodes et l'état d'esprit pédagogistes n'y ont plus leur place. » Que Marine Le Pen cite Jean Zay sans le nommer est tout de même signe de quelque chose : de l'abandon, de la trahison des idéaux républicains par la droite comme par la gauche.

Cela étant dit, parler d'UMPS, comme le fait le FN, n'apporte rien si l'on ne condamne pas explicitement le libéralisme, dont les

25 Si je reprends un texte déjà ancien sorti de mon clavier, qu'y lis-je ? Que le FN « se pare des plumes du paon en se faisant le chantre de l'École républicaine – jusqu'à ce qu'on s'aperçoive que sous le plumage dont il s'habille, la volaille est déjà plumée, le chèque-éducation en place et le privé confessionnel aux commandes. » Je n'en modifierais pas un mot aujourd'hui. Mais ce n'est pas pour ça que je voterai de gaieté de cœur pour quelqu'un d'autre.

uns et les autres se réclament. Le libéralisme s'accommode fort bien de ce que les imbéciles béats appellent la démocratie, ce qui lui permet d'évacuer la république. Et si le FN est aujourd'hui le seul à adopter un discours républicain, à qui la faute, sinon à ceux qui ont galvaudé les idéaux de 1793 et de 1905 pour faire de la place aux idéologies pédagogiques les plus délétères, au communautarisme, au relativisme des savoirs, noyés dans les « savoirs transversaux » et le « savoir-être », cette nouvelle tarte à la crème destinée à camoufler les ratés de la transmission ?

Les enseignants font ce qu'ils peuvent pour faire leur boulot – en faisant le gros dos, comme d'habitude, devant les réformateurs de tout poil et les incitations à modifier leurs pratiques. Mais il s'agit là des enseignants en place : quid de ceux que l'on recrute, et que l'on endoctrine d'autant plus facilement que leurs compétences disciplinaires sont de plus en plus faibles ? Aujourd'hui, les moyennes du CAPES sont relevées par les jurys, comme de vulgaires notes du bac, pour camoufler le niveau stupéfiant de certains étudiants, particulièrement dans les matières scientifiques. Et cela fait longtemps que l'on se contente de hausser les épaules quand les copies des candidats au concours d'enseignement se révèlent truffées de fautes. Ils apprendront plus tard l'accord du participe, n'est-ce pas...

Que le FN surfe tranquillement sur l'actuelle gabegie de l'Éducation nationale, rien d'ahurissant. Que Jean-François Copé, qui a soutenu l'une des pires politiques éducatives jamais lancées en France, ironise sur le chaos né de la réforme des rythmes scolaires, rien d'étonnant non plus : Peillon a donné le bâton pour se faire battre.

Soit le gouvernement change radicalement de politique, soit les enseignants iront voir ailleurs qu'à gauche ou à droite. L'extrême se nourrit de désespoir, et le ministère aujourd'hui nourrit ce désespoir. Si désormais le FN est le seul à poser les bonnes questions et à avancer des réponses crédibles, « ce n'est pas ma faute ».

CHARTE LAÏQUE

Je ne saurais être hostile à rien de ce qui peut défendre ou étendre les territoires perdus de la laïcité. La charte punaisée par Vincent Peillon sur tous les établissements scolaires de France a donc, a priori, toute ma faveur... Mais elle a tous les défauts des chartes : elle égrène des généralités, sans nommer vraiment son objet. Et, du coup, sans prévoir de sanctions contre ceux qui écorneraient les grands principes.

Des généralités, disais-je... En théorie, nous pourrions tous les contresigner les yeux fermés – ne sommes-nous pas tous « enfants de la Patri-ie »... Mais certains, déjà, s'ingénient à critiquer l'incritiquable – se sentiraient-ils visés ? Ainsi, Dalil Boubakeur, le nouveau président du Conseil du culte musulman, qui craint de « voir les musulmans de France stigmatisés dans leur ensemble et que cette interdiction ne soit perçue comme trop brutale » : « 90% des musulmans, ajoute-t-il, vont avoir l'impression d'être visés par cette charte, alors que, dans 99% des cas, ils ne posent aucun problème à la laïcité. »

Ah bon ? Où est-il question d'Islam dans les quinze articles ? Dalil Boubakeur serait-il de ceux qui rient avant même qu'on les chatouille ? Tout comme Abdallah Zekri, président de l'Observatoire contre l'islamophobie : « Cette charte a été faite soi-disant pour combattre le communautariste. Qui dit communautarisme... Forcément, je me sens visé, parce que maintenant quand on parle de communautarisme, on parle de musulmans. »

Et on le laisse s'exprimer ? Ne faudrait-il pas le renvoyer sur les bancs de l'école pour lui apprendre (article 1 de la charte) que « la France est une République indivisible, laïque, démocratique et sociale » et que le mot « communauté » ici ne s'écrit qu'au singulier ? Nous sommes français, c'est tout, et c'est assez glorieux comme ça. Nous avons inventé Voltaire et Diderot, et les Lumières. Nous autorisons les femmes à piloter leur voiture, ce qu'elles n'ont pas le droit de faire en Arabie Saoudite, qui veille sur le respect de l'enseignement du Prophète, béni soit son nom, dont les diverses épouses ne conduisaient pas, paraît-il. Nous les autorisons à se balader en bikini sur les plages, et même à aller déguster dans cette tenue les glaces de Sénéquier, alors que des islamistes forcenés menacent de mort, à l'heure où j'écris, les participantes au concours de Miss Monde à Bali, en les accusant d'être des créatures dépravées. Nous ne leur imposons pas des tenues aberrantes, voile et gants compris, par 40 degrés à l'ombre, comme j'en ai vu une dans la calanque de Morgiou la semaine dernière, portant son dernier-né en suant des cordes, pendant que son homme, en bermuda, étalait sa barbe sur son tee-shirt. Mais le même Boubakeur a cru bon d'ajouter : « Il y a aussi ce rappel à l'égalité fille-garçon... Suivez mon regard... » Eh oui, je suis votre regard, et je constate qu'il y en a qui ne croient évidemment pas que les femmes sont les égales des hommes.

Nous sommes un État laïque, c'est-à-dire que nous autorisons toutes les superstitions dans l'espace privé – et même dans la rue : nous sommes laïques *et* tolérants. Nous autorisons aussi certains responsables religieux à proférer, en public, des énormités plus grosses qu'eux.

Du coup, la présidente du Front national a beau jeu de se moquer d'une charte qu'elle qualifie de « gesticulation médiatique ». Et la PEEP, la Fédération de parents d'élèves de l'enseignement public, regrette par la voix de sa présidente qu'il n'y ait pas dans la charte d'éclaircissements sur les sapins de Noël...

C'est que, chère madame, une charte ne fait pas le détail. Elle énonce des principes, et Vincent Peillon les a résumés en une phrase : « La laïcité est un combat, non pas contre certains, mais pour tous, pour ce qui rassemble et doit rassembler tout le monde », a-t-il déclaré en inaugurant son texte dans un collège de La Ferté-sous-Jouarre. Alors, que les sapins de Noël (qui sont un symbole païen archaïque, et non chrétien, soit dit en passant) soient retirés des écoles par quelques collabos sous prétexte qu'ils pourraient choquer ceux qui ne fêtent pas la naissance du Christ (moi non plus, par parenthèse, mais ça ne m'empêche pas d'offrir des cadeaux à mes enfants) ; que la grande crèche provençale installée depuis des lustres dans la Bourse de Marseille ait été supprimée par Jean-Claude Gaudin de peur de mécontenter les XIIIe, XIVe et XVe arrondissements (en sus du Ier et de quelques autres...) ; que le halal envahisse les cantines ou que l'on aménage les horaires de piscine pour que d'aucunes aillent y faire tremper leurs convictions – tout cela n'est pas du ressort de la charte. C'est du ressort de la loi, et nous aimerions tous que la loi, justement, soit claire, pour une fois.

Il en est des chartes comme des lois : il faudrait des décrets d'application. Il faudrait définir espace privé (chez soi, à mon sens) et espace public – le reste. Expliquer qu'une tenue discriminante n'a pas à être tolérée dans une République égalitaire, et que le libre arbitre ne peut être invoqué lorsqu'il s'agit de l'opium du peuple.

Lundi soir, sur Arte, de doctes imbéciles expliquaient à Jean-Pierre Obin, qui n'en revenait pas, qu'il fallait autoriser une bonne fois pour toutes les mères voilées à accompagner les enfants lors des sorties scolaires. Eh bien, non, une sortie scolaire, c'est l'école hors ses murs, et la superstition ne contaminera pas nos élèves, autant qu'il dépend de nous. Allez expliquer cela à Geneviève Fioraso, toujours persuadée que c'est un progrès que de voir des filles voilées s'insinuer dans l'espace universitaire...

Mais voilà, j'ai peur que les décrets d'application manquent à tout jamais. Et ce sera à nous de trouver un modus vivendi. Nous, enseignants confrontés aux superstitions anti-scientifiques ; nous, infirmiers et médecins agressés parce qu'ils sont des hommes qui veulent sauver des femmes ; nous, gamines sommées de suivre des prescriptions médiévales – et la coutume n'excuse rien : si nous suivions les coutumes du XIVe siècle, que ferions-nous à ceux qui ne sont pas chrétiens ? Mais fort heureusement, le Soleil a continué à briller, la Terre à tourner (si, si, elle tourne, et Darwin est son prophète !) et nous ne brûlons plus d'infidèles. Et nous aimerions assez que plus personne ne lapide qui que ce soit dans le monde ou ne se sente agressé dès qu'on lui dit ses quatre vérités.

MA FAC EN BURKA

Geneviève Fioraso est indispensable : elle est la boussole qui sans cesse indique le Sud. J'ai déjà relaté plus haut comment le mépris de la culture s'est installé rue Descartes. Et voilà qu'au milieu de l'été 2012 est arrivée l'histoire du voile à l'université. Manuel Valls a très justement souligné, au mois d'août, que la présence de jeunes femmes voilées dans les facs posait une question de fond à la laïcité. Il reprenait ainsi une recommandation du Haut conseil à l'intégration réclamant l'interdiction du foulard islamique dans l'enseignement supérieur. « Aucune université n'a saisi le ministère à ce sujet, c'est donc que ça ne pose pas de problème », a lancé la ministre. À se demander si la cible est le HCI ou le ministre de l'Intérieur, qui irrite tous ceux qui, au gouvernement, n'ont ni son énergie, ni sa verve, ni son coup d'œil, et cela fait du monde.

Et d'ajouter – Tartuffe apparemment a changé de sexe – que sa priorité est que les jeunes filles fassent des études, particulièrement celles qui portent un voile, car « les études sont un facteur d'émancipation. »

Et le voile, dites, Madame le Ministre, c'est un facteur d'émancipation ? Et les convictions importunes trimballées de cours en cours, le refus d'entendre les propositions les plus élémentaires dès qu'elles contredisent le Coran, ou ce qu'elles en ont entendu dire, la surdité volontaire aux Lumières, ce sont aussi des facteurs d'émancipation ? Voltaire, réveille-toi, ils sont devenus fous.

Le débat n'est pas récent. Il y a dix ans paraissait (chez Mille et une nuits) *Les territoires perdus de la République*, où nombre d'enseignants, sous la direction d'Emmanuel Brenner, s'alarmaient de la montée du racisme, de l'intolérance, des partis pris identitaires et communautaristes – et cela, souvent de la part de jeunes qui se sentent stigmatisés et retournent contre leur pays le syndrome dont ils souffrent, mécanisme habituel des minorités aliénées. Il y a sept ans, j'écrivais moi-même *Une école sous influence*, où j'analysais la pression de plus en plus constante que faisaient peser sur l'école les opinions stéréotypées de gosses déboussolés. Nous sommes nombreux à avoir tiré la sonnette d'alarme, et prévenu qu'une école dont les options pédagogiques n'incluent plus l'intégration dans une culture commune court à sa perte.

Et ce sont les filles – toujours les filles, toujours les femmes – qui font prioritairement les frais du grand obscurcissement. Qui ne voit que ces jeunes femmes – souvent des Occidentales auxquelles l'opium du peuple a brouillé l'entendement – sont des missiles envoyés par les éléments les plus conquérants d'une religion basée sur le prosélytisme ? Le cheval de Troie, ces temps-ci, est une jument. Qui ne constate que, dans les rues, ces voiles plus ou moins intégraux se multiplient et sont comme les pions noirs du jeu de go, visant à conquérir des espaces toujours plus étendus ? Et que la commission Stasi, qui fin 2003 a suggéré d'interdire les signes d'appartenance religieuse dans les établissements d'enseignement (tous les établissements, hé, Geneviève !), n'a pas eu le courage, et c'est bien dommage, d'étendre la recommandation aux autres espaces publics – les hôpitaux, par exemple, où les médecins, qu'ils soient ou non gynécologues, sont quotidiennement en butte aux superstitions et aux violences des maris, des frères et des femmes elles-mêmes, parce que la lumière à travers un voile n'est jamais que ténèbres.

Mais madame le ministre n'a pas le temps de se pencher sur un problème qui concerne tous les Français, tous les jours, en tous lieux. D'ailleurs, un ministre partage-t-il, derrière les vitres fumées de sa voiture de fonction, les soucis des Français ?

Geneviève Fioraso est sans doute trop occupée à lire *In the shadow of young girls in flower* – in english in the text.

LES BRISEURS DE THERMOMÈTRES

Invité par Europe 1 à m'exprimer sur le projet d'abandon de la notation dont Benoît Hamon, qui n'avait rien d'autre à faire, s'est fait le chantre, j'ai annoncé – autant en rire puisque c'est à pleurer – le renoncement officiel, par Marisol Touraine, à l'usage des thermomètres, bien coupables d'indiquer, parfois, que le patient a la fièvre. Nous voici revenus au XVIIe siècle, quand on faisait tomber la température en saignant le malade, jusqu'à ce qu'il en crève parfois, demandez donc à la mère de Molière. Si effectivement vous ôtez quelques pintes de sang, la pression descendue régulera votre pouls – jusqu'à ce que ça remonte, parce que vous n'avez rien guéri, juste occulté le symptôme. Benoît Hamon en est là.

Il installe une conférence sur l'évaluation (contre l'avis de tous ses services, à commencer par la DGESCO, contre l'avis même du CNESCO, le Conseil national d'évaluation du système éducatif, un machin installé par son prédécesseur, Vincent Peillon, dont la tête lui sert aujourd'hui de marchepied pour tenter d'exister), afin d'en finir avec la « dictature » (*sic*) des notes, qui, nous le savons bien, humilient chaque jour des milliers d'enfants...

Les profs sont méchants ? Pas même. Je n'en connais pas qui se délectent à mettre de mauvaises notes. Mais j'en connais trop qui ont renoncé à afficher la vérité des prix, et gonflent artificiellement les résultats : après tout, on le leur demande officiellement au brevet et au bac.

On connaît l'excuse classique du cancre rapportant à la maison un devoir malmené par le correcteur : « C'est parce que le prof ne m'aime pas ! » Le ministre tient le même raisonnement tordu, confondant la valeur de l'exercice, noté de 0 à 20, et la valeur de l'élève. Que tu aies un zéro, bougre d'imbécile, ne signifie pas que tu es un zéro ! Il faut résider rue de Grenelle pour le croire, et valoir, justement, zéro. Mais qui se soucie au fond de ce que vaut vraiment un ministre ?

Exit, donc, un système de notation qui remonte au XVIIe siècle : il appartenait sans doute à la gauche de nous débarrasser de cet ultime souvenir des grands collèges jésuites, de cette dernière référence au Grand Siècle. Si Richelieu puis Louis XIV avaient généré ce système d'évaluation des enfants (nobles) du système d'enseignement mis en place par les disciples de Loyola, c'est parce qu'ils croyaient en la valeur globale de leur civilisation. La France de Louis XIV (et je tiens compte aussi des famines, des guerres, des excommunications et des bûchers) valait cher ; la France de Hollande ne vaut plus grand-chose. Un grand doute a saisi le pays, et les gouvernants, qui ne gouvernent plus rien, s'en font l'écho.

Remplacer une note par une évaluation est contre-productif, dans l'optique même défendue par Hamon. Le chiffre a une objectivité. L'évaluation nous ramène à une subjectivité : l'enfant sera bien plus stigmatisé par un jugement global que par le détail chiffré de sa performance.

Déjà, le primaire évolue au gré des « livrets de compétences » : acquises, non acquises, ou en voie d'acquisition. Base trois. Une usine à gaz qui bouffe le temps scolaire. En janvier 1969, le gouvernement avait décidé, dans un grand élan post-soixante-huitard, d'adopter la notation en ABCDE – base cinq. Elle fit long feu, et le génie national réimposa une base dix, ou vingt, que l'on peut affiner à l'infini en demi, quart ou centième de point. Sans doute ce qu'il y a de plus précis depuis que Fahrenheit et Celsius ont inventé leurs échelles respectives du froid et du chaud : mais le thermomètre étant désormais hors la loi...

Pourquoi commencer par le primaire (et, localement, quelques classes de sixième et de cinquième, prélude à la primarisation du collège) ? Parce que les moyens de pression (en clair, la présence d'un corps d'inspecteurs tatillons) sont bien plus forts sur les écoles communales que dans le secondaire. Un inspecteur primaire (IEN) travaille sur une zone réduite, connaît chacune de ses ouailles, les visite régulièrement. Un IPR (inspecteur pédagogique régional) a souvent un rectorat entier à labourer, et n'inspecte les enseignants qui lui sont dévolus que tous les trois-quatre ans, en moyenne. (J'ai passé 14 ans, en banlieue parisienne, sans voir la queue d'un.) Allez imposer des consignes à des gens que vous ne rencontrez que de loin en loin...

Voici donc la note sacro-sainte remplacée par des smileys souriants (interdiction de faire la gueule, dans le système Hamon), ou des codes couleur plus aisément lisibles par des élèves analphabètes. Ce bariolage est-il plus efficace que l'indication chiffrée ? Ma foi, j'aimerais savoir ce que les parents y comprennent. « Maman, j'ai eu du vert aujourd'hui, c'est mieux que le rouge hier... » Une grande déferlante écolo-compatible déferle sur l'éducation. Le vert est paré de toutes les vertus – pourquoi pas le mauve ? Pourquoi pas un code de petits animaux : « J'ai eu un perroquet pour cause de bavardage, un singe par habileté à reproduire, et un cheval en gym parce que je cours vite... » Tout cela pour déstresser des gosses qui, d'après saint PISA, sont parmi les plus angoissés de la planète. (Ah, vraiment ? Je croyais qu'au Japon ou en Corée... J'ai dû mal lire...)

Un mien collègue, prof de prépa, agrémente ses corrections avec un tampon représentant un clown hilare, en marge des trouvailles les plus pittoresques de ses élèves. Cela les fait bien rire, au lieu de les humilier. Et les « bulles » – les zéros – que nous avons tous un jour méritées restent dans notre souvenir bien plus comme des anecdotes sympathiques, souvent drôles, que comme des traumatismes inexpiables. Benoît Hamon chercherait-il à exorciser quelque souvenir cuisant ? S'offrirait-il une psychanalyse aux frais de quelques millions d'élèves ? Je n'ose le croire.

Au passage, le ministre, dans l'interview du *Parisien* citée plus haut, affiche ses admirables compétences : « Un écolier qui éprouve des difficultés en grammaire et en syntaxe obtiendra zéro en dictée. S'il a progressé en syntaxe, mais qu'il fait encore trop de fautes en grammaire, il aura toujours un zéro. Comment peut-il savoir qu'il a progressé ? » Quelle distinction byzantine entre grammaire et syntaxe ! Je peux encore distinguer orthographe d'usage et orthographe grammaticale, celle-ci pesant un peu plus lourd que celle-là. Mais entre faute grammaticale et faute syntaxique... C'est ce que les pères maristes qui ont formé le petit Benoît au Sénégal lui ont appris ? J'ai un doute...

Vincent Peillon, après avoir annoncé à grand fracas la « refondation » de l'École républicaine, avait accouché d'une souris – les rythmes scolaires. Benoît Hamon enfourche un très vieux cheval pédagogique, que lui ont suggéré de monter ses conseillers issus des deux syndicats qui contrôlent aujourd'hui l'éducation, le SGEN et le SE-UNSA. Sans compter les associations de parents d'élèves, FCPE et APEL, l'une et l'autre favorables (malgré l'avis contraire de 80% de leurs adhérents) au grand remplacement des notes par des sourires. Sans compter les plus fainéants des élèves, qui, à l'occasion du bac et du brevet, ont protesté parce qu'ils craignaient que leurs performances soient sous-notées. Tout, tout de suite, et avec du sucre, s'il vous plaît ! Beaucoup de sucre !

Une civilisation qui a cessé de prôner l'effort et le mérite, et la difficulté vaincue, est-elle encore une civilisation ?

La quasi-totalité des élèves, qui n'est pas composée que de fainéants abrutis, est favorable au maintien des notes. À vrai dire, les enfants sont férus de classements en tous genres, ils ont la compétition intrinsèque, la comparaison naturelle et l'évaluation autrement tranchante que leurs enseignants. Demandez à une classe de se noter, l'échelle sera terriblement basse. Le seul souci des élèves, lorsqu'on rend des copies, c'est de savoir combien a eu leur copain, histoire de se situer :

c'est un souci légitime, que les gosses poussent parfois jusqu'à la caricature.

De surcroît, ils savent bien que si l'on supprime le code chiffré, un autre code se mettra en place. Christian Combaz, dans *Le Figaro*, note avec raison que « le ministre entend supprimer les notes au moment où les caïds commencent pratiquement à les attribuer dans leur groupe. En tout cas, il y a longtemps qu'ils attribuent les corvées à la place des professeurs. On observe en effet un véritable transfert de souveraineté dans cette affaire : les écoliers et lycéens ont substitué, au système d'approbation officiel, que la notation représentait très bien, celui de la réputation qui revient à l'instinct tribal, et au statut de l'individu dans le groupe mafieux. » Continuons ainsi : on substituera à un système pédagogique la loi de la rue. C'est sans doute un progrès.

Au passage, Benoît Hamon se fait étriller par la *Pravda* du régime – *Le Monde*, pour ne pas le nommer. Maryline Baumard y épingle avec pugnacité l'initiative du ministre, tout occupé, selon elle, à démanteler l'œuvre (? encore) de son prédécesseur. Un jour les notes, et demain, les ABCD de l'égalité, auxquels elle tient particulièrement. Autant d'aliments pour les réactionnaires et autres « blouses grises » dont je suis probablement. La suppression des notes ferait-elle partie de ce plan, si souvent commenté ici même, qui vise à renforcer les conservatismes jusqu'à la caricature afin de provoquer, à l'horizon 2017, un affrontement gauche/extrême droite ? Qui me souffle que la gauche arrivera troisième, en 2017 ?

Dans la grande gabegie occidentale, l'idée de Benoît Hamon ne lui est même pas personnelle. Le Québec vient d'interdire les mauvaises notes, ce que le sociologue Mathieu Bock-Côté analyse avec justesse : « Comment ne pas y voir une tricherie monumentale, une dissimulation massive et un travestissement honteux de la réalité ? Comment ne pas y voir un autre indice du décalage entre des institutions publiques entretenant la fiction de leur réussite et une réalité qui leur échappe et qui finit par percer de partout ? Plusieurs ont le sentiment que l'État contemporain travaille souvent à occulter une part importante du réel, comme s'il devait entretenir la fiction d'une société qui progresse, sans quoi il serait obligé de se questionner sur les fondements idéologiques des grandes transformations qu'il pilote depuis près d'un demi-siècle. Les statistiques publiques révèlent autant qu'elles dissimulent la société qu'elles prétendent mettre en scène. Mais le réel filtre ici et là, même si ceux qui le nomment risquent les pires épithètes. »

Qui ne comprend en effet que les promoteurs de ce nouvel ordre pédagogique font le lit d'un ordre nouveau qui ne fera pas dans la demi-mesure ? Cette question de l'évaluation, qui pourrait paraître anecdotique (les ministres passent, les profs demeurent, et la force d'inertie des enseignants face aux consignes officielles est considérable), est révélatrice d'un mode global de fonctionnement : lorsque la réalité vous déplaît ou vous dépasse, cassez le thermomètre ou tuez le messager. Mais cela ne change rien à la réalité. Si la transmission des savoirs connaît aujourd'hui une si grave crise, c'est que notre société tout entière ne croit plus à ces savoirs, ni en elle-même. La proposition de Benoît Hamon, quand on y pense, est l'un des multiples révélateurs de la perte de confiance en soi, manifestation d'une société en bout de course.

Petite cause, grands effets. L'orthographe n'est pas un combat d'arrière-garde, c'est le nœud même : lâcher du lest, c'est abandonner le navire. Transmettre les règles d'accord du nom et de l'adjectif, c'est transmettre un système de *valeurs* ; y renoncer, c'est manifester notre rejet de ces valeurs. La France entière fout le camp, et l'on ne refondera pas l'École sans refonder la cité. Le PS au pouvoir, après l'incurie de la droite, accentue le délitement tout entier d'une civilisation. Soit nous réagissons, et la réaction sera nécessairement brutale, parce que nous sommes au fond et que seul un grand coup de talon nous ramènera à la surface ; soit nous basculons dans les poubelles de l'Histoire.

« TROP DUR LE BAC ! »

Plus de 40 000 lycéens de terminale S se plaignent donc sur les réseaux sociaux, qui sont devenus l'alpha et l'oméga de la démocratie molle qui est la nôtre, de l'abominable difficulté du sujet de maths qui leur a été proposé au bac la semaine dernière. « Un carnage », (pré)disent-ils.

« Trop dur, les maths ! », se moque le *Huffington Post*, relayant les plaintes de ces incompris. « Après la physique et l'anglais, c'est à présent au tour des maths d'être ultra-durs, si ça continue, les résultats vont être inférieurs à 50% de réussite », continuent ces mécontents. Et de créer une page Facebook (et même deux, en sus d'une pétition en ligne) pour faire pression sur le ministère, bien plus sensible, ces temps-ci, au nombre de « likes » (12 000 à l'heure où j'écris cette chronique) et au pourcentage de bacheliers qu'à la nécessité de former de vrais scientifiques ou de donner l'examen à des élèves méritants.

Le bac S est passé par 176 730 élèves cette année. Les protestataires représentent, en gros, un peu moins du tiers de ce total. C'est dire que près de 50 000 élèves de terminale S n'avaient rien à faire dans une filière censée ouvrir sur des études scientifiques. Le Bac L étant devenu un ovni peu fréquenté (12% des candidats), ES étant limité par l'appétence pour l'économie, et les bacs professionnels étant vilipendés par un système qui fait semblant d'avoir pour eux du respect, mais qui se garderait d'y envoyer ses enfants, les bacs technologiques font le plein de leur côté, et le bac S est la solution par défaut. Et « défaut », cette fois, est bien le terme.

Candide que je suis, j'ai commencé par me fier aux spécialistes qui déjà s'exprimaient sur la Toile. *L'Étudiant* a confronté les avis : « Le sujet est tout à fait conforme au programme », affirme Pierre Fleury, professeur de mathématiques dans l'académie d'Amiens et membre du SNALC. Il reconnaît « quelques éléments qui ont pu surprendre les élèves », mais ne juge pas le sujet particulièrement « traître ». « C'est un niveau de terminale S, pas d'entrée en sixième ! », ajoute l'enseignant. Un point de vue confirmé par l'Association des professeurs de mathématiques, qui juge le sujet « équilibré ».

Cher Pierre Fleury, vous êtes un vieux de la vieille, blanchi sous le harnois, un enseignant exigeant, donc tortionnaire, dans la novlangue de l'Éducation refondée ; et vous appartenez de plus à un syndicat que les journalistes classent à droite, par méconnaissance, paresse ou ce que vous voulez. Alors, sachez-le : t'es plus dans l'coup, papa ! Prenez modèle sur Thierry Patinaux, enseignant dans l'académie de Rouen et administrateur général du SE-UNSA, le syndicat où les ministres PS de l'Éducation se ressourcent : « Plusieurs collègues se sont penchés sur la question jeudi soir, et jugent les questions *difficiles à très difficiles.* » Rien hors programme, certes, mais des questions posées de façon « déroutante » et un sujet « trop homogène dans la difficulté ». Ah, le brave homme ! Le saint homme ! Le bon syndicat ! Comme il cherche à faire le bonheur des jeunes ! Le bonheur immédiat ! Comme il a l'air de se préoccuper de leur niveau et de ce qu'ils ont appris – étant entendu par tout le monde que les sujets étaient en plein cœur du programme... Ah, comme j'aime l'UNSA !

Mon niveau en maths ne s'améliorant guère depuis tout à l'heure, et quelque peu dérouté par ces jugements contradictoires, j'ai demandé son avis à un prof de maths au lycée Thiers de Marseille, où j'enseigne – le meilleur lycée du Sud profond, tout le monde sait ça. Je recopie textuellement sa réponse :

« Salut Jean-Paul,

« Franchement, je ne vois là que du standard et absolument rien de tordu. À force d'infantiliser les gens en leur donnant des sujets prédigérés pour lesquels ils n'ont plus du tout besoin de réfléchir, les sujets ordinaires finissent par paraître difficiles. Il suffit alors que quelques-uns se mettent à lancer la polémique et surtout que nos chers médias s'en mêlent, et en avant la musique. Ce qui me navre le plus, c'est que cette dégringolade, parce qu'elle a été entamée depuis plusieurs années (plus d'une vingtaine), est un phénomène bourré d'inertie. Autrement dit, je parie que la dégringolade est loin d'être finie. »

Mon ami ne doit pas être à l'UNSA ni au SGEN-CFDT. Il doit enseigner en prépa, je parie, et se coltiner chaque année des mômes pourtant motivés, mais persuadés par un système effroyablement laxiste d'être « bons en maths ». Cela fait des années que l'on donne le bac, j'ai expliqué pourquoi un peu plus haut, tout comme j'ai exposé pourquoi il faut, à mon avis, supprimer ce grand mensonge qu'est devenu l'examen terminal du système secondaire – à condition de laisser toutes les formations du supérieur libres de choisir sur dossier leurs étudiants. Des années que l'on ment aux élèves, à leurs parents, aux médias, à tout le monde. Droite et gauche confondues (et effectivement, qui ne les confond ?).

Je suggère au passage de ne recruter aucun des signataires de la pétition : un chef d'entreprise recruterait-il un futur collaborateur qui se fait remarquer par sa bêtise crasse sur les réseaux sociaux ? J'ai dans l'idée que les signataires des pétitions idiotes, ou les imbéciles qui postent leurs pets mentaux sur les réseaux sociaux sont déjà repérés. Bonne chance, les p'tits gars !

Alors, soyons concrets.

Primo, rassurons les 40 000 feignasses protestataires et leurs parents : vous aurez le bac, on vous le donnera, quitte à survaloriser les questions les plus faciles, ou à noter sur 24, comme on l'a fait il y a deux ans[26]. Et vous vous engouffrerez dans un système universitaire exsangue, dans lequel vous pourrez tout à loisir étaler votre incompétence. Pas longtemps, à vrai dire : en fac de sciences, comme en médecine, vous serez liquidés dans l'année. Alors seulement vous vous demanderez si les enseignants un peu exigeants (il en reste) que vous critiquiez si fort n'avaient pas raison de vous pousser à travailler davantage, alors même que vous veniez au lycée comme on va faire ses emplettes.

Rassurons aussi le ministère : les correcteurs, dûment chapitrés, mettront les notes que vous voulez, quitte à avaler leur chapeau. D'ailleurs, il y a fort à parier que l'Inspection générale nous pondra dans les 48 heures à venir un barème qui survalorisera les questions les plus élémentaires et fera des autres des codicilles sans importance.

Rassurons enfin les profs de prépa : les élèves que vous avez pré-recrutés en mai n'appartiennent pas à la longue cohorte de ceux qui attendent la bouche ouverte que le bac leur tombe tout rôti dans la bouche – les deux tiers des candidats. Ils ont bossé dur, ils bosseront encore. Ils savent que le vrai patron, ce n'est pas Hamon, c'est Darwin.

---

26 À l'heure où j'écrivais ces lignes sur LePoint.fr, à la mi-juin, on ignorait que les résultats consolidés du bac seraient de 87,9% de réussite en ce début juillet. Champagne ! On n'a jamais fait mieux ! C'est l'effet Hamon – deux mois au pouvoir, et le bac s'améliore !

POSTFACE POUR RIRE (JAUNE)

Causeur, en la personne d'Élisabeth Lévy, a reçu ce courrier qui m'était visiblement adressé. Je le publie sans commentaires, il se suffit à lui-même. Le signataire m'est inconnu : tout ce qu'il dit de lui, c'est qu'il est parent d'élève, convaincu des bienfaits du pédagogisme, la doctrine qui régit l'École depuis plus de trois décennies et dont il résume en quelques paragraphes les objectifs et les méthodes, et qu'il n'apprécie ni le destinataire de sa missive ni ce qu'il appelle « l'école de papa » : quiconque voudrait voir dans cette appellation méprisante un symptôme freudien n'aurait peut-être pas tort.

« De Pierre Abraxas, parent d'élève, à Jean-Paul Brighelli, aux bons soins d'Élisabeth Lévy.

« Monsieur,

« J'ai hésité avant de prendre la plume, sachant parfaitement que mon courrier finira dans votre poubelle, tant l'esprit partisan qui vous anime dès que vous parlez d'École vous interdit de laisser une place à une pensée moins réactionnaire que la vôtre – une pensée réellement progressiste, qui tienne compte du vécu des apprenants, de leur légitime droit à s'exprimer et à être heureux tout de suite, dans une école enfin réconciliée avec les vraies valeurs du vivre-ensemble, loin de l'élitisme stérilisant que vous revendiquez, loin de cette école à papa que la nostalgie d'hier vous fait croire bonne pour aujourd'hui ou demain.

« Vous n'avez raison que sur un point : l'école actuelle n'est pas à la hauteur des ambitions que nous devons légitimement avoir pour nos enfants, ni des défis que pose une société si diversement colorée, contre le manichéisme noir et blanc que vous défendez. Par trop d'aspects elle est encore exagérément sélective, autoritaire, et socialement discriminante. Le collège unique, la seule création durable de l'ère Giscard d'Estaing, n'est pas encore assez unique, et son principe devrait inspirer les lycées de demain. La mesure des savoirs académiques n'a pas encore laissé toute sa place à l'évaluation des savoir-être et des compétences transversales. Et les enseignants renâclent encore trop souvent à laisser la parole aux enfants, de quelque manière qu'elle s'exprime, alors que leur ambition devrait être d'encourager la perturbation, expression libre de la créativité enfantine.

« Mais le gouvernement, habilement guidé par les vraies organisations d'avant-garde, la FCPE, le SE-UNSA et le SGEN, et la Ligue de l'Enseignement, qui tiennent la main de Vincent Peillon et ont pré-orienté sa "grande consultation" sur l'avenir de l'École, commence à remettre l'École sur la voie du progrès : l'inverse de la réaction dont vous vous faites, monsieur, vous et ces "républicains" qui oublient si facilement d'être démocrates, l'infatigable propagandiste.

« L'horreur pédagogique commence parfois dès la maternelle et le CP : mon fils a subi dans ces classes une professeure des écoles selon votre cœur (mais pas selon le mien !) qui s'était permis de remplacer le manuel utilisé par son prédécesseur, Ribambelle, par un opuscule signé GRIP Éditions – le b.a.-ba dans toute son horreur. Pierre Frackowiak, qui fut si longtemps inspecteur du primaire dans le Nord, et conseilla jadis Ségolène Royal durant sa campagne de 2007, a observé ces dernières années les progrès de la réaction, : il a bien raison de stigmatiser les méthodes syllabiques et d'y voir la source du désarroi présent des enseignants, face à des élèves dressés comme des petits chiens, auxquels toute expression autonome est refusée, le tout au nom des principes réactionnaires qui régissent l'apprentissage de l'orthographe, ce concept bourgeois, et de la grammaire, ce carcan fasciste imposé à la langue. Il évoque avec raison la “souffrance” de ces enseignants, et celle des élèves, surtout les plus démunis (le fait que j’habite le Marais, et non les Quartiers nord de Marseille, ne m’empêche pas d’avoir une vraie conscience sociale…), appartenant souvent à des communautés étrangères, et sommés par des “instituteurs” réactionnaires d’apprendre la langue et la culture bourgeoises, alors qu’il y a bien plus de créativité (une créativité de gauche, si vous le permettez) dans la désarticulation du langage opérée par les rappeurs des cités, comme le soulignait jadis Jack Lang (qui aurait dû être nommé ministre à vie de l’Éducation) que dans toute l’œuvre de Racine. Plutôt que d’enseigner de façon frontale et verticale des règles artificielles et surannées (n’était-ce pas Saussure qui parlait de l’arbitraire de la langue ?), il convient, comme le font en vérité les professeurs des écoles formés dans les IUFM, ces temples de la vraie pédagogie inventés jadis par l’admirable Philippe Meirieu, aujourd’hui phare de la pensée écologique lyonnaise, il convient, disais-je, que l’enseignant consente à être enseigné par ses élèves, qu’il se mette à l’écoute de leurs désirs, de leur poésie innée. De leur violence aussi : être frappé sur la joue droite doit inciter à tendre l’oreille gauche.

« Au lieu de rentrer à la maison pour se plonger dans des devoirs (interdits par la loi depuis 1956 !) et des leçons ineptes (comme le remarquait Rousseau, quel besoin ont-ils d’apprendre l’hypocrisie dans *Le corbeau et le renard*, ou l’injustice dans *Le loup et l’agneau* ?), ils devraient être libres de leurs désirs : à leur âge, passer des heures entières assis à écouter le ronronnement d’un enseignant autoritaire ne peut être une finalité. Après tout, il y a des correcteurs orthographiques pour régler le problème de l’orthographe, et des calculettes pour faire les multiplications à leur place dans n’importe quel portable, les enfants devraient tout jeunes être autorisés à en garder un sur eux en permanence, ne serait-ce que pour garder le lien avec leur famille. Il y a un autoritarisme invraisemblable à leur infliger des souffrances quotidiennes pour leur faire avaler que 8×7=57. Jean-Claude Hazan, qui dirige la FCPE, la seule fédération de parents réellement progressiste – et je m'honore d'en faire partie – demande d'ailleurs la suppression des devoirs, des notes et des redoublements – ces trois piliers du fascisme enseignant. Les enfants doivent être libres d'apprendre à leur gré et à leur rythme, ou de ne pas apprendre si tel est leur bon plaisir, nous devons cesser de les stigmatiser par de mauvaises notes (à la rigueur, conservons les bonnes) et de faire peser sur leur tête la lame de la guillotine du "passage" en classe supérieure (vous sentez bien, n'est-ce pas, ce qu'il y a d'affreusement réactionnaire dans ce mot de "classe" et cette ambition imposée d'en changer). Nous avons aboli la peine de mort en 1981. Nous devons abolir les redoublements, et toutes les formes de stress à l'école, en 2012. Le bonheur, c'est tout de suite.

«Mais les ESPE – Écoles supérieurs du professorat et de l'éducation – que met aujourd'hui en place Vincent Peillon remédieront, je l'espère, aux débauches de cette pensée réactionnaire dont vous vous faites, Monsieur, l'écho complaisant. Les petits écoliers français sont parmi les plus stressés d'Europe, comme le soulignait jadis Peter Gumbel[27], l'homme qui a su flairer en vous le sergent Hartmann – l'adjudant-formateur de *Full Metal Jacket* – qui sommeillait sous les oripeaux du prof, et comme le rappelle encore aujourd'hui une pédagogue italienne, Antonella Verdiani, qui prône les "pédagogies du bonheur", si constructives, contre la violence de l'accord nom-adjectif et du carré de l'hypoténuse – qu'avons-nous à en faire, je vous le demande, du carré de cette hypoténuse – que nous devrions écrire ipoténuse, pour simplifier des règles qui n'ont été instituées, comme le rappelait jadis André Chervel[28], que pour asseoir la puissance d'une classe sociale – la bourgeoisie – dont nous savons combien elle brime cette imagination dont nous espérions jadis qu'elle serait au pouvoir. Il est temps que Mai-68, 45 ans plus tard, s'impose.

«Qui sont au fond ces enseignants réactionnaires qui persistent à ignorer les progrès de la didactique ? Souvent formés dans les classes préparatoires, temples de l'élitisme, du conservatisme et de

27 Peter Gumbel, *On achève bien les écoliers*, Grasset, 2010.
28 André Chervel, *L'orthographe*, Maspéro, 1969.

la culture unique, alors qu'il est tant de cultures plurielles, dans le respect des communautés qui font de la France d'aujourd'hui une mosaïque d'opinions contrastées – et je milite pour la reconnaissance de la pensée hirsute, seule douée de créativité, contre la monotonie de la pensée unique de l'institution scolaire –, ces classes prépas qu'il faudra bien se résoudre à dissoudre dans la diversité si réjouissante des universités vraiment libres (celles qui ne sont pas aux mains des sorbonnards et autres piliers d'un establishment culturel que je méprise), ces enseignants, dis-je, perpétuent le système qui les a formés, au lieu de se mettre à l'écoute des jeunes, qui ont bien le droit de s'exprimer, conformément à la loi Jospin de 1989 (ma phrase est un peu longue, mais je suis journaliste au *Nouvel Observateur*, je ne suis pas tenu au "beau" style !). Il y a plus d'idées en puissance dans le joyeux bordel d'une classe animée que dans le ronron stérilisant que vous appelez de vos vœux. Ce que vous appelez "violence" n'est, le plus souvent, que réaction à une violence antérieure, celle exercée par des enseignants rigoristes qui s'obstinent à imposer un silence stérilisant à des jeunes à la gestuelle exubérante et créatrice, qui ont compris – et c'est des classes les plus populaires que vient souvent cette initiative, tant les "héritiers", comme disait Bourdieu, sont constipés dans leurs comportements stéréotypés d'enfants sages – que du chaos naît la pensée nouvelle, et que tout ordre n'est jamais que préface à l'Ordre nouveau.

« Résumons-nous : que cent fleurs s'épanouissent, que les devoirs, les notes, les redoublements, l'orientation précoce, les contraintes en un mot, cessent enfin. Que les programmes soient réécrits dans le sens de la créativité –1+1= 69, comme aurait dit Serge Gainsbourg – et non dans le sens de la reproduction. Vous sentez bien, n'est-ce pas, ce qu'a d'épouvantablement conventionnel ce mot de reproduction ? Un lycéen qui apostrophe sa prof en lui lançant : "Je t'enc***" met à bas le système tout entier – qui se venge en lui infligeant des sanctions aussi vaines qu'imméritées. Ah ! l'autoritarisme a encore de beaux jours ! Je ne vous salue pas.

Pierre Abraxas »

ANNEXES : DEMANDEZ LES PROGRAMMES

Les partis politiques aussi se soucient de l'École. Ils ont compris que c'était peut-être l'un des enjeux majeurs des futures élections.

Ou, en tout cas, les usagers de l'école – parents, grands-parents, élèves en âge de voter – et éventuellement les 900 000 personnes qui travaillent pour l'Éducation nationale…

J'ai tenté ci-après d'analyser les programmes les plus immédiatement disponibles – ceux de l'UMP, d'EELV, du Front de Gauche et du FN. Pour le PS, ma foi, il n'a plus de programme puisqu'il l'exécute – et les pages qui précèdent ne sont finalement que l'analyse objective de cette exécution – j'allais dire « mise à mort » – de l'École selon la Gauche.

À l'origine, ces programmes n'étaient pas identifiés – c'était au lecteur de deviner, au gré des propositions et des absurdités, qui en était responsable. Mais le procédé est désormais éventé, et ce qui suit est très précisément attribué.

I. UMP

A priori, cela ne commence pas trop mal : « On a presque oublié quelles étaient les véritables missions de l'École : la transmission des savoirs, notamment les savoirs fondamentaux (lire, écrire, compter), dont la bonne ou mauvaise acquisition conditionne l'avenir des enfants, la transmission des valeurs qui fondent notre République et notre sentiment commun d'appartenance à la communauté nationale. » Autant de pierres dans le jardin de la « refondation » de Vincent Peillon, tout inspiré par le programme du SE-UNSA, qui d'ailleurs n'a pas manqué de critiquer vertement les propositions que je résume aujourd'hui.

Et puis ça se gâte tout aussitôt : « La véritable refondation ne va pas se jouer dans un bureau parisien de la rue de Grenelle. La clé de la réforme, c'est la confiance accordée aux acteurs de terrain. En clair, il faut libérer l'école et responsabiliser les chefs d'établissement et les enseignants. »

C'est très étrange, cette répugnance de la plupart des partis à imaginer un grand ministre de l'Éducation, avec des idées fortes et les moyens de les appliquer. Très étrange aussi, et très loin des réalités, cette confiance exprimée au « terrain » : imaginez-vous Jules Ferry tenir ce genre de propos et se fier, dans les années 1880, à ce qui se passait à l'échelle des communes (il ne s'y passait pas grand-chose, à vrai dire) pour fonder vraiment l'École de la nation ?

Sans vouloir paraître strictement jacobin, une autonomisation des établissements ressemble fort à une atomisation du système tout entier. Vous pouvez bien associer à « autonomie » quelques autres mots fétiches, « efficacité » et « responsabilité », ce ne sont jamais que des mots creux enfilés les uns aux autres, qui ne remplaceront jamais « décision » et « volonté ». L'École ne meurt pas d'un excès de jacobinisme, mais justement d'une dilution de la capacité à donner une ligne claire et sans équivoque, sans souci des groupes de pression, qu'ils soient syndicaux, corporatistes ou politiques. Il lui faut un ministre, cultivé, volontaire, doué d'une vision forte – pas un gestionnaire, ni le béni-oui-oui d'un syndicat – voire de plusieurs. Quelqu'un qui sache dire Oui et Non. Et s'y tenir.

L'École meurt aussi de la multiplication des acteurs, élèves, administrations, personnels divers, parents, syndicats, « think tanks » divers et variés, et politiques animés d'ambitions très personnelles, le contraire même d'une ambition pour la France. Il n'y a que deux acteurs réels : les enseignants et les élèves. Le savoir passe des uns aux autres, et tout ce qu'un ministre a à faire, c'est à se soucier de le faire passer en flux continu, et en abondance. Le reste, c'est roupette de samsonite, comme disait le regretté San-Antonio.

Le projet susdit condamne ensuite la politique de François Hollande, son « égalitarisme forcené » et sa « remise en cause du mérite ». Il y avait moyen de développer, mais on glisse tout de suite sur la « folie dépensière » de l'actuel gouvernement : à vrai dire, le prof de base, dont le point d'indice n'a pas évolué depuis des années, ne saisit pas très bien en quoi le gouvernement actuel fait preuve de folie dépensière. (Le parti susdit évoque plus loin les salaires incroyablement bas des enseignants, mais se garde bien de faire des propositions chiffrées.) Quant à la création de 60 000 postes, elle a fait long feu, faute de candidats, et aussi parce que cette promesse, qui n'avait pas grand sens, a discrètement été oubliée. C'est pourtant l'un des très vieux sauriens de ce parti qui affirmait jadis que les promesses n'engagent que ceux qui y croient.

Condamnation aussi de la réforme des rythmes scolaires, assortie d'une inquiétante référence à la « chronobiologie » de l'élève : j'aurais préféré un mea culpa sur l'instauration de la semaine de quatre jours, qui a donné au SNUIpp, le principal syndicat des instituteurs, une si belle occasion de plaider pour un allègement des programmes, dont bientôt il ne restera plus rien.

De ce point de vue, l'UMP condamne fermement (c'est la moindre des choses) l'émiettement des programmes sur des champs douteux (éducation nutritionnelle, à la sexualité ou écologique). Je crois moins à la condamnation de la « morale laïque » qui est aujourd'hui très menacée, comme en témoigne une pétition très mesurée lancée récemment par le magazine *Marianne*.

Sans doute ne faut-il se fâcher avec personne, et ne pas trop insister sur le fait que certains avancent sans cesse leurs pions à l'école : des lycéennes, surfant sur les ambiguïtés d'une loi qui autorise le port d'insignes religieux *pendant* les examens, viennent en nombre passer le bac voilées dans tous les centres. Non, il ne faut pas baisser la garde sur la laïcité. D'où l'importance d'un pôle de décision central : faire confiance aux établissements, c'est se retrouver, à terme, dans la situation intolérable de ces écoles anglaises à deux doigts (ceux que l'on coupe) de la charia. Donnez du pouvoir aux parents, aux associations, aux « acteurs locaux », et vous récolterez le fanatisme. Qu'un grand parti (enfin, ce qu'il en reste) ne comprenne pas ce point essentiel donne la mesure du combat à mener.

Après cela, on peut bien insister sur l'apprentissage des « savoirs fondamentaux » (lesquels ?), de la « culture française » et de l'histoire de France. (Il faudrait peut-être expliquer à tel député de la Drôme, grand organisateur du programme, que l'on ne reviendra pas à « nos ancêtres les Gaulois » : l'Histoire, c'est autre chose que le folklore.)

Quant à l'apprentissage de la « théorie du genre », convenons-en, c'est un épiphénomène, d'ailleurs récemment abandonné en rase campagne par Benoît Hamon.

En revanche, l'analyse du creusement des inégalités par le gouvernement actuel est plus pertinente. La « remise en cause du mérite » est effective, les devoirs de bac corrigés sur 24 ou 26, c'est une réalité, le rappel que la multiplication des options émiette la transmission de l'essentiel est utile. Cela ouvre une série de constats de faillite, trop systématiquement appuyés sur le classement PISA, qui n'est qu'un pis-aller.

Mais en profiter pour proposer une ouverture de l'école aux parents, alors, là, non : les parents sont déjà très présents à l'école, et ceux qui y sont présents ne sont pas forcément ceux que les enseignants aimeraient voir. Puisqu'on est dans la nostalgie des blouses grises, rappelez-vous que les parents, au plus beau temps de l'École républicaine, restaient très sagement à la porte, faisaient confiance aux enseignants et redoublaient parfois les punitions infligées en classe. On en est loin aujourd'hui : les « incivilités » (un terme bien poli pour parler de violences, qui sont allées jusqu'au meurtre) à l'égard des enseignants se sont multipliées, et il n'est pas de jour où un parent ne vienne expliquer manu militari à un maître ou à un personnel de direction ce qu'il entend par pédagogie. Il y a une démagogie pré-électorale sensible dans des phrases du type « L'école n'offre pas une place suffisamment importante aux parents alors que leur intégration est nécessaire à la réussite des enfants » : quand on me l'aura prouvé...

Viennent enfin les propositions. « Augmenter les heures de français et de mathématiques ». Le parti s'appuie sur une étude de l'organisation Sauver les lettres à qui cela fera certainement plaisir d'être devenue la référence d'un parti qui a lancé cette réduction drastique des heures, et qui ne l'a jamais contrariée lors de ses passages (prolongés) au pouvoir. Les propositions qui suivent sont très loin du compte : François Bayrou proposait en son temps de consacrer 50% du temps scolaire au primaire à l'acquisition du français, parce qu'on ne peut rien apprendre sans maîtriser parfaitement sa langue – et surtout pas une langue étrangère.

Proposer d'organiser les classes en groupes de niveau ne signifie rien si l'on ne remet pas en cause le collège unique (inventé par les ancêtres dudit parti dans les années 1970). Mieux – ou pire –, l'un des caciques les plus en vue de ce rassemblement, et qui sur son blog peaufine encore sa pensée éducative (François Fillon pour ne pas le nommer), n'hésite pas, dans une déclaration plus récente, à se faire le chantre du collège unique, qu'il aurait pu aménager ou supprimer quand il a été aux affaires.

Les politiques, qui par définition ne connaissent rien à fond, s'imaginent toujours que leur parole fait sens, sans même interroger les acteurs de terrain. Le collège unique est aujourd'hui l'abcès majeur du second cycle, il impose des structures (que les enseignants tentent bien de contourner en rusant, mais hors de toute légalité) qui amènent un nivellement par le bas, un étêtement des meilleurs, sans même sauver ceux qui sombrent. En défendant le collège unique, cet ancien ministre de l'Éducation est en contradiction avec l'une des propositions de son propre parti. Faudrait se concerter de temps en temps, les gars !

Mais faut-il prendre ce dirigeant au sérieux ? Il a déclaré récemment à un journal britannique que nos universités étaient des «*hotbeds of marxism*» – des foyers de marxisme appliqué. Il devrait aller y faire un tour : en dehors de quelques illuminés, il trouvera dans les facs des gens qui font de la recherche sans considération idéologique. Quant à son insistance sur l'acquisition du numérique, il devrait y repenser à deux fois : les ingénieurs de la Silicon Valley, cette Mecque de l'informatique fondamentale et appliquée, évitent soigneusement à leurs enfants un apprentissage trop précoce des ordinateurs – ils auront bien le temps. Je ne sais pas pourquoi, mais dans cette insistance, de droite et de gauche, sur l'informatique proclamée panacée, je flaire le bras long des fournisseurs, qui trouvent que la République est vraiment bonne fille et bonne vache à lait.

Fin des propositions : une croyance aveugle dans les évaluations (plus on passe de temps à évaluer, moins on enseigne), dans les «ressources numériques» et autres TICE, dans la «formation continue des enseignants aux nouvelles pratiques pédagogiques». (On croyait les pédagos sortis par la porte, les voici qui rentrent par la fenêtre de la rue de Lille.) Cerise sur le gâteau : «passer du traditionnel CDI à un véritable *learning center*» et, quelques pages plus loin, une référence obligée aux «*charter schools*» : le parti serait-il à ce point obnubilé par les USA qu'il ne trouve plus de mots français pour exprimer sa pensée ?

Dans le même esprit, après avoir contesté violemment l'accès des tout-petits à l'école (et en vérité, je le dis : il y a bien des enfants qu'on aurait intérêt à dissocier précocement de leurs familles...), voici l'affirmation de la nécessité de « l'apprentissage précoce de l'anglais dès trois ans » : sabre de bois, quand on vous dit qu'il faut d'abord apprendre le français !

Le reste – évaluation « qualitative » des profs par le chef d'établissement, qui n'y connaît pas forcément grand-chose, relèvement du temps de travail des enseignants et promesse vague d'une « revalorisation » des salaires – relève davantage d'une flatterie d'une opinion publique peu favorable aux maîtres, ces temps-ci. Je n'ose dire ce que je pense de la proposition de recruter les enseignants « via des entretiens avec les chefs d'établissement » : des concours nationaux revivifiés me paraissent un mode d'accès à la profession plus crédible que l'arbitraire des « acteurs locaux » – à commencer par les rédacteurs de ces propositions ineptes.

En résumé, c'est un projet imaginé par des technocrates pro-européens coupés des réalités de terrain. Si c'est tout ce que ce grand parti déliquescent a en magasin, franchement, il n'aura pas les voix des enseignants ni celles des parents un peu informés. Un tel projet est typique d'un malaise : quand on s'écroule de l'intérieur, on ne propose rien de bien significatif. Que n'ont-ils demandé à de vrais acteurs du fait éducatif, eux qui ne jurent que par le terrain ! On leur aurait expliqué que presque rien ne tient dans ce projet, sinon les constats, sur lesquels tout le monde est d'accord : l'école va mal parce que le pays va mal, parce qu'une civilisation est en train de s'effondrer. Encore un effort, et nous serons définitivement les derniers – pour PISA comme dans les faits.

II. EELV

La commission des Affaires culturelles de l'Assemblée nationale s'est réunie le 16 avril 2014 pour une (longue) audition sur les classes préparatoires aux grandes écoles, en réaction (tardive) au mouvement des professeurs et des élèves de CPGE en décembre dernier, dont nous avons longuement parlé ici.

Étaient invités Marc Even (président de la Conférence des grandes écoles), Michel Bouchaud (proviseur du lycée Louis-le-Grand), Carole Daverne (lire *Les Bons Élèves*, coécrit avec Yves Dutercq, PUF, 2013) et Jean-Michel Jolion, directeur adjoint pour l'enseignement rue de Grenelle. Les représentants des groupes parlementaires étaient Sandrine Doucet (ex-enseignante d'histoire-géographie) pour le PS, Annie Genevard pour l'UMP (ex-enseignante de lettres classiques), toutes deux membres du Conseil supérieur des programmes, Isabelle Attard pour Europe Écologie-Les Verts (titulaire d'un DEUG d'Histoire et d'un doctorat d'archéozoologie...), Rudy Salles pour le Nouveau Centre et Jean-Noël Carpentier pour le Mouvement unitaire progressiste.

Loin de moi l'idée d'imposer au lecteur les deux heures et demie de l'audition. Il suffit de sélectionner le nom de la personnalité dont on souhaite entendre l'argumentation en cliquant sur son nom.

Par exemple, Isabelle Attard.

À un mois tout juste des élections européennes, que disaient les Verts – qui pensaient se refaire une beauté lors de ces élections – de ce qui est, quoi que l'on veuille en penser, le creuset des élites françaises ?

La question est loin d'être marginale. Elle est même au centre exact de ces élections, et des prochaines, elle en est la pierre de touche. Les prépas sont une exception française (entendez-vous comme ce mot « française » est, selon les partis, claironné avec orgueil ou avec un mépris évident ?), et ces élections européennes (même exercice : accent glorieux sur le mot, ou suspicion renforcée) ouvriront la voie soit à une politique supranationale visant à étêter notre enseignement supérieur pour le rendre conforme à celui des autres États membres, soit à un double système permettant à chaque État d'organiser la formation comme il l'entend. Ou à l'éclatement d'une Europe qui justement prétend imposer aux États une politique dont les citoyens ne veulent pas, ou ne veulent plus.

Isabelle Attard a le mérite d'être claire. Après une plaisanterie initiale sur le fait qu'avoir fait Histoire en université « ne la met pas dans l'élite » (Est-ce un aveu ? Y aurait-il une rancœur contre les prépas ? Seul son biographe pourrait le dire...), elle insiste dès son introduction sur l'aspect « unique au monde » des CPGE.

Sentez-vous déjà poindre un désir de mise en conformité ? Si oui, vous avez gagné.

Et de déplorer, dans l'ordre, le fait qu'il y ait une sélection à l'entrée (madame la députée devrait se tenir au courant, c'est le cas de 40% des formations du supérieur, BTS, IUT et médecine compris) ; que la dépense par élève soit nettement supérieure à la dépense par étudiant de fac (là encore, il faudrait mettre en parallèle le coût réel et le taux de réussite : presque 100% des élèves de prépas scientifiques réussissent un concours, et presque 100% des élèves de prépas littéraires, bénéficiaires de la meilleure des formations, réussissent dans leurs études contre moins de 50% en université. Lesquels, au final, coûtent le plus cher ?) ; que les enseignants de prépa sont nettement mieux rémunérés que leurs collègues de fac (et de ressortir les mensonges sur les 9800 euros de fin de carrière – elle devrait savoir qu'il y a une grille de la fonction publique et que l'on ne repousse pas pour tout le monde les plafonds que crèvent allègrement les conseillers des ministres). « Les *meilleurs* élèves bénéficient des *meilleures* formations » (même jeu – et c'est en cela que l'audition seule rend réellement compte des intentions du discours : l'accent mis par Mme Attard sur « meilleur » est chargé d'un mépris absolu, les Verts sont, comme monsieur

Jourdain, des aristotéliciens qui s'ignorent, ils professent le *meden agan*, le « rien de trop », la « mediocritas » qui fut le juste milieu louis-philippard avant de dégénérer en *médiocrité*).

C'est le cœur de son argumentation. Il n'y a pas d'égalité des chances, dit-elle : on offre au « lièvre » et à la « tortue » la « même ligne de départ ». Et même pire : on offre au lièvre (comprenez : les bons élèves, « ces pelés, ces galeux », pour en rester à La Fontaine) des conditions idéales et, aux « tortues » (faut-il comprendre : ceux qui comme elle ont fait Histoire en université ?) « un champ bien labouré » : la métaphore dès lors tourne à l'aigre.

Et d'invoquer le rapport sénatorial signé en 2007 par le socialiste Yannick Bodin, qui pointait une discrimination de fait. Mais beaucoup a été fait depuis cette date pour démocratiser réellement les classes préparatoires.

Ce qui défrise Mme Attard, c'est la volonté (affichée, et réalisée, avec près de 30% de boursiers en moyenne dans ces formations) de « démocratisation » des filières d'excellence, visant à « envoyer les bons élèves de toutes origines sociales dans ces filières ». « Lever l'autocensure », de façon à « encourager les jeunes à oser les prépas », ne suffit pas. Pour elle, cela revient à « réserver l'université aux déchets » et « renforce le système français (l'écrit peine à rendre l'accent d'incroyable mépris sur ce gros mot, « français ») à deux vitesses ».

Déjà, on sent poindre le projet « européen » d'EELV : nous mettre en conformité avec ce qui se passe à l'étranger, chez nos « partenaires », et détruire les filières d'excellence sans en recréer de nouvelles. Inutile de s'appesantir sur le fait que, chez ces gens-là, « excellence » aussi est un gros mot. Quelques secondes plus tard, la parlementaire, qui n'a dû lire Stendhal qu'en diagonale, articule « happy few » avec un mépris souligné par le geste – une mise entre guillemets destinée à l'excuser de proférer une telle incongruité.

Déboulent donc logiquement les propositions, assénées avec un accent sidéralement péremptoire. « Nous recommandons le basculement complet des classes prépas dans l'enseignement supérieur », l'affiliation des enseignants aux Prag (professeurs agrégés mis à la disposition du supérieur et qui n'ont pas encore fait de thèse, alors que nombre d'enseignants de prépa, sans parler de leurs compétences pédagogiques, sont déjà docteurs – mais pas en archéozoologie, sans doute). « Suppression des concours d'entrée aux grandes écoles, et leur remplacement par des sélections sur dossier » : il faudra m'expliquer comment une sélection sur CV est « moins discriminante » – c'est l'expression de Mme Attard – qu'un concours anonyme, où la seule règle est celle de l'excellence, quelle que soit l'origine sociale des candidats.

« Propositions révolutionnaires », prétend Mme Attard. Pas même : elles sont juste le fruit d'une intégration européenne à marche forcée. Celle-là même que les Français ont refusée une première fois en 2005 et contre laquelle ils ont massivement voté au mois de mai, en choisissant d'abord tout ce qui n'est pas voué à dénigrer la France. Parce qu'il faudrait être singulièrement masochiste pour élire des gens qui méprisent l'excellence et prétendent la noyer dans le flux universitaire, en démotivant les meilleurs élèves, en égalisant les formations comme la Convention égalisait les têtes en 1793-1794. (Prenons dans la bouche de Mme Attard le mot « révolutionnaire » pour ce qu'il est : un programme de Terreur.)

Oui, à un mois des européennes, qui oserait voter pour un parti qui développera et imposera, à Bruxelles – désormais capitale non seulement de l'Europe mais de chacun des États membres –, les idées martelées depuis trois décennies par Philippe Meirieu, membre éminent d'EELV, « khmer vert » pour reprendre l'expression de Gérard Collomb, qui l'a beaucoup pratiqué, et, au fond, admirable représentant de cette idéologie ultralibérale qui a merveilleusement contribué à détruire l'industrie française, l'École française et l'orgueil même d'être français ? « On ne saurait mieux souligner tout ce que la gestion du capitalisme moderne doit, en France, aux idées d'un Philippe Meirieu. Gageons que la classe dirigeante saura récompenser un employé aussi précieux en lui offrant, un de ces jours, un poste de député européen. Elle ne saurait faire moins », écrivait Jean-Claude Michéa dans *Le complexe d'Orphée* (Climats, 2011). Et Denis Collin, dans un article récent de Mediapart, a enfoncé le clou dans la tête de ces pédagogues au service des grands appétits : l'égalitarisme imposé tue toute chance, pour les enfants défavorisés, d'arriver au sommet. Ce n'est un paradoxe que pour celles et ceux qui ne connaissent rien aux réalités de l'enseignement – Mme Attard, par exemple, qui est la cinquième colonne de la destruction programmée de l'École française.

Je ne savais pas encore ce que j'allais voter aux européennes. Mais je savais que je ne voterais pas pour des partis qui subordonneraient la France à la « médiocrité » bruxelloise. Non seulement les prépas pourraient servir, ici, de modèle de réussite pour les universités (auxquelles on devrait de toute urgence allouer des moyens comparables à ceux des CPGE, au lieu de raboter ici sans améliorer là), mais à un niveau européen, en admettant que ce soit encore un cadre de référence, c'est l'excellence qui devrait prévaloir. Les Anglais l'ont bien compris, qui ne sont européens que du bout des lèvres et ne laisseront jamais les amis de Mme Attard leur expliquer que ce qui se passe à Oxford, Cambridge ou Eton n'est pas dans la *moyenne* européenne. Les « grandes écoles » n'ont rien de spécifiquement français : tous les pays ont développé des filières d'excellence, et tout ce que nous demandons, c'est qu'elles continuent à vivre, à recruter sur la base de vraies compétences (un autre gros mot que Mme Attard ignore manifestement, ou ne prononcerait qu'entre guillemets), et non sur l'examen oblique d'un état civil qui propulserait au sommet les représentants auto-désignés de la médiocrité européenne.

III. FRONT DE GAUCHE

Premier principe : combattre le « marché de l'éducation », la « mise en concurrence des établissements ». Voici un parti qui ne manque pas de jacobinisme, ce qui nous change agréablement par les temps qui courent. « Nous agirons concrètement pour que la production de connaissances et la formation soient libérées de la logique du marché et de la rentabilité financière et permettent l'établissement d'une culture scolaire commune pour tous par l'appropriation de savoirs ambitieux. » Autant que cela soit dit.

Mesure pratique immédiate : « Droit à la scolarité dès 2 ans, scolarité obligatoire de 3 à 18 ans. »

Hmm... Et pourquoi pas 21, 34, ou 56 ? Deux ans, cela s'appelle une crèche. L'école n'a pas à se substituer à des équipements défaillants. D'autant que plus l'enfant commence tôt, plus vite il se lassera. Un gosse qui va à l'école dès 2 ans, et jusqu'à 18, aura passé 16 ans sur les bancs de la classe : c'est beaucoup, surtout quand on sait qu'il y en a pléthore qui dès 13 ou 14 ans décrochent complètement, et sont de vrais boulets pour la classe, quand ils ne renvoient pas en agressivité leur sentiment d'ennui à la face du professeur. « Nous relancerons le défi d'une école qui élève pour toutes et pour tous le niveau des connaissances communes et prépare les élèves – par des pédagogies différenciées adaptées à chacun – à poursuivre leurs études jusqu'à 18 ans et le plus possible au-delà du lycée. Nous repenserons la progressivité entre les niveaux d'études, tout en conservant le cadre des disciplines. »

Il est très difficile, pédagogiquement parlant, de concilier un programme commun (si je puis dire) et une école à la carte. Bien sûr, nous nous y essayons tous, plus ou moins. Mais l'instituer créerait une obligation difficilement surmontable.

C'est un programme fait pour les plus humbles, ce qui n'a rien de condamnable, tant que cela ne dégénère pas en lynchage des meilleurs : « Nous redéfinirons les programmes, et plus globalement l'école, en prenant comme point de référence l'élève qui n'a que l'école pour apprendre. Le soutien scolaire sera assuré par le service public de l'Éducation nationale. »

Certes, le soutien scolaire confié à des organismes privés à la compétence très aléatoire (il n'y a donc personne pour s'étonner que les cours particuliers, Acadomia par exemple, depuis que le pédagogisme règne, aient pris une telle ampleur et soient désormais cotés en Bourse ?) est par excellence un marqueur de classe. On sent que les instigateurs de ce programme ont lu Bourdieu, et l'ont pris à la lettre. Ce n'est pas une école d'héritiers qui se tricote ici, très bien. Mais que faire des héritiers ? Plus on met l'accent sur ceux qui sont culturellement démunis, et plus on néglige ceux qui ne le sont pas. Et c'est ainsi que s'installe la tentation d'une école à deux vitesses, et que se créent des institutions privées de haut niveau, confessionnelles ou non. L'école publique doit accueillir et alimenter tout le monde, s'occuper des meilleurs comme des plus humbles, quitte à s'en occuper différemment.

Je me méfie un peu de tous les « machins », comme aurait dit de Gaulle, censés surveiller la bonne tenue de route du système : « Nous mettrons en place des observatoires des inégalités rassemblant dans les territoires des élus, des parents, des enseignants, l'ensemble des personnels de l'Éducation nationale et des élèves à partir du collège ainsi que des personnalités associées. Les représentants des personnels constitueront 50% de ces observatoires ». Bon... la démocratie permanente n'est pas forcément un gage d'efficacité.

Tout comme je reste dubitatif devant les plans de recrutement massif – nous avons vu ce que cela donne avec les 60 000 emplois promis par François Hollande. « Nous stopperons les suppressions de poste et engagerons un plan de recrutement dans l'Éducation nationale sous statut de la Fonction publique d'État rétablissant, notamment, tous les postes supprimés. Nous développerons le pré-recrutement des enseignants pour que cette profession reste accessible à tous les milieux sociaux, quel que soit le niveau de recrutement. » Faut-il répéter qu'il n'y a plus de candidats, et qu'à moins d'une réévaluation massive des salaires et des conditions d'enseignement il y en aura de moins en moins ? Et ce n'est pas en recrutant à nouveau des « conseillers d'orientation psychologues » et en procédant à « des recrutements pour que tous les jeunes aient accès au service public d'orientation » que nous améliorerons les résultats. Il doit y avoir peu de gauchistes dans ce parti-là ! Car, en 1968, la question rhétorique du jour était : « Quand nous aurons pendu le dernier des psychologues avec les tripes du dernier sociologue, aurons-nous encore des problèmes ? » Et ma foi, je m'en tiens là.

Le rétablissement promis des RASED (réseau d'aide spécialisé pour les élèves en difficulté) n'est pas en soi une mauvaise chose : en institutionnalisant l'aide, on coupe l'herbe sous les pieds de tous les réseaux parallèles dont les fins ne sont pas forcément pédagogiques... Encore faut-il avoir les personnels pour gérer des élèves en grande difficulté, et en grand nombre. À noter que l'intégration forcée de ces élèves dans les classes du collège unique est une revendication des pédagos les plus forcenés : c'est en confrontant ces enfants perdus à leurs petits camarades que leur niveau s'améliorera – par magie, sans doute, par osmose probablement. Pff... En tout cas, ce parti se partage visiblement entre optimistes inspirés par l'aventurisme pédagogique et « républicains » prudents – sans que le collège unique, l'un des maux essentiels du collège, soit jamais remis en cause : c'est un programme de consensus a minima, rédigé conjointement par Jekyll et Hyde.

D'ailleurs, sur les programmes mêmes, rien. C'est bien optimiste. Le parti susdit pense que l'amélioration des conditions matérielles et l'encadrement renforcé suffisent à effacer les problèmes. Cette combinaison de marxisme appliqué et de pensée magique est un peu suspecte.

La même vision « non marchande » préside à la remise en état du système d'enseignement supérieur, fortement chahuté par des lois successives qui, sous couleur d'autonomie et de dynamisme interconcurrentiel, ont surtout flirté avec l'asphyxie, voire la fermeture des unités provinciales considérées comme peu rentables. Non sans intelligence, le projet de ce parti remonte aux sources du mal, la « stratégie de Lisbonne » dénoncée ici-même : « Parce que *l'électricité n'a pas été découverte en cherchant à améliorer la bougie*, la marchandisation du savoir prônée par la stratégie de Lisbonne sera combattue et la coopération entre les services publics de l'enseignement supérieur au niveau européen sera défendue et élargie. »

Mais là encore, la poursuite simultanée d'objectifs largement incompatibles (l'appel à la coopération européenne et la dénonciation des accords-cadres européens) témoigne de tiraillements idéologiques entre un espoir d'entente et une dénonciation des ententes préalables réalisées sur le dos des peuples. Quant à l'annonce de « l'accueil des étudiants étrangers qui le souhaitent dans une vision non marchande de contribution au développement et à la coopération entre les peuples », cela ressemble fort à une plaquette stalinienne contemporaine de l'Appel de Stockholm, quand l'URSS appelait à la paix tout en préparant la Der des Ders. Les rédacteurs auraient-ils eu des accointances au PC des années 1950 ? Seraient-ils, à leur manière, fils ou fille de ?

En tout cas, on nous annonce l'abrogation de la loi LRU et du « Pacte pour la recherche », dont les intentions étaient peut-être pures, mais dont les effets sur le terrain sont aujourd'hui dévastateurs. Même démarche en ce qui concerne l'Agence d'évaluation de la recherche de l'enseignement supérieur (AERES), « qui juge la production scientifique sur des critères de diffusion qui, au final, sont de nature marchande et ne permettent de juger ni de la qualité d'un article ni de celle du support qui le reçoit. »

Cette excommunication systématique du « critère marchand » demanderait d'ailleurs à être modulée. Les États-Unis, qui ne manquent pas de chercheurs nobélisables, font fonctionner la recherche pure sur fonds fédéraux, mais délèguent la recherche appliquée aux entreprises : bonne idée, à ceci près que la culture d'entreprise en France, et plus globalement la taille même des structures, rendent l'hypothèse caduque. Dommage.

Et comme on ne récolte pas de choux sans en planter les graines, « l'effort budgétaire public pour l'enseignement supérieur sera porté à 12 000 euros par an et par étudiant(e). Nous doublerons le budget public de la recherche sur la législature. Ainsi, les moyens publics de la recherche seront garantis ; l'apport de contributions privées sur la base de principes d'intérêt général sera possible sans jamais se substituer au financement budgétaire public. » On sent de bonnes intentions centralisatrices, qui ne peuvent pas faire de mal après deux décennies de désengagement progressif de l'État, sans toutefois que la source de tels financements soit clairement établie. L'école, de la maternelle à l'université, est évidemment une priorité (et comme l'ont répété diverses personnalités outre-Atlantique, « si vous trouvez que le savoir coûte cher, essayez l'ignorance »), mais quand le numéraire manque, il faut faire preuve de plus d'imagination.

Globalement, le programme École de ce parti oscille entre un retour au tout-État, et s'appuie alors sur des promesses budgétaires qui sont toujours aisées quand on n'est pas aux affaires, et des vœux pieux (un comble...) de réduction des inégalités d'accès au savoir, sans que jamais soient indiquées des lignes pédagogiques claires. Sans doute les rédacteurs sont-ils assez divers, et issus de cultures politiques différentes, pour avoir cherché un consensus qui évite les mots qui fâchent – collège unique, apprentissage précoce, méthodes de lecture ou méthodes d'extraction des élites sans considération de la généalogie. Au total, de bonnes intentions un peu creuses, qui témoignent d'une foi quelque peu magique dans l'effet quantitatif (« Des moyens ! Des moyens ! »), afin de ne pas se déchirer quant au qualitatif – quelles pédagogies, quelle formation des maîtres, quelle remise en cause des enseignements.

Je retiendrai surtout la défiance envers Bruxelles, défiance modérée toutefois dans la mesure où le refus des décisions supranationales tente de se combiner, curieusement, avec des espérances européennes qui ne sont plus de saison.

IV. FN

Sur le site du parti de Marine Le Pen, cela commence fort. Après avoir affirmé en préambule que « l'école est un service organique de la République », on passe tout de suite à la profession de foi : « L'élitisme républicain, qui repose sur une exigence collective et sur l'effort individuel, est le meilleur levier pour assurer l'égalité des chances. Le laxisme scolaire enferme les plus défavorisés sur le plan culturel et social et permet la reproduction héréditaire des élites. C'est l'objectif inverse qu'il faut viser. »

Comment ne pas être d'accord ? Trois ou quatre décennies d'expérimentations létales – du collège unique qui a amené un écrasement du niveau à la suppression des notes qui est la revanche du malade sur le thermomètre – ont eu le résultat paradoxal et évident de favoriser les héritiers, comme disait Bourdieu, alors même que l'on prétendait aider ceux qui étaient nés de l'autre côté de la culture. Bien sûr, la métaphore de l'ascenseur social n'est justement que cela, une métaphore qui cache le fait que la montée vers la classe supérieure, via l'école, n'opère qu'à la marge[29].

Le programme fait ensuite l'analyse de l'existant, comme on dit : « L'école va mal, et le quinquennat de Nicolas Sarkozy n'aura fait qu'aggraver la situation : suppression déraisonnable de postes d'enseignants, dans une optique purement comptable et sans vision globale de réorganisation, laxisme face aux violences scolaires en progression continue, dispersion des apprentissages au détriment du français et du calcul, mise à l'arrière-plan de l'histoire de France, pour des raisons essentiellement idéologiques. »

C'est un état de fait que tout le monde reconnaît, inutile de s'appesantir là-dessus. Même les plus obsédés des pédagogistes

---

29 Lire sur le sujet le tout récent livre de Chantal Jacquet, *Les transclasses* (PUF), qui travaille sur l'angle mort des travaux célèbres de Bourdieu et Passeron, et revient sur les cas (pas si nombreux, mais pas si rares) de celles et ceux qui ont sauté par-dessus la fatalité de classe pour monter parfois au plus haut de leurs talents et de leurs capacités, ce que dénie trop souvent l'école actuelle.

avouent que le niveau, dans les matières fondamentales, est très insuffisant. Une très récente étude du ministère prouve que du CP au CM2, en une dizaine d'années, le seuil de connaissances a dramatiquement sombré.

Et de citer la formule distillée par Platon dans *La République* : « Lorsque les maîtres tremblent devant leurs élèves et préfèrent les flatter, lorsque les jeunes méprisent les lois parce qu'ils ne reconnaissent plus au-dessus d'eux l'autorité de rien ni de personne, alors c'est là en toute beauté et en toute jeunesse le début de la tyrannie. »

Si l'on prend une minute pour expliquer ce texte très souvent cité, il faut reconnaître que l'excès de « démocratie » (le « droit à la parole » des élèves, le règne de « l'opinion » érigée en vérité intangible, l'idée que la profération des plus grosses bêtises est en soi libération de la parole et exercice de communication) est le prélude à l'avènement de la tyrannie – et la pire des tyrannies, celle de la bêtise sûre d'elle et dominatrice. Inutile d'invoquer la psychanalyse lacanienne pour savoir que l'absence d'autorité, loin de permettre à la libido de jouir sans frontière, est une mutilation du désir.

Et c'est au jour le jour, dans les écoles et les collèges, que se vit cette détérioration de l'autorité (qui, comme « discipline », qui est à la fois compétence dans un champ déterminé et a le double sens de « maîtrise du savoir » et de « capacité à maintenir l'ordre »). Je n'en veux pour exemple que le profond malaise qui régit désormais la relation parents/enseignants. « Ce qui n'était à l'époque, poursuit le rédacteur, qu'une réflexion philosophique très juste est aujourd'hui devenue réalité dans bon nombre d'établissements scolaires. Depuis une quinzaine d'années, l'insécurité à l'école n'a cessé de progresser, de l'ordre de 10% par an d'après les chiffres officiels. Or la transmission du savoir ne peut s'effectuer ni dans le chaos ni dans l'anarchie. »

Cette réflexion a en fait des fondements philosophiques complexes. Si l'enfant naît bon, comme le pensait Rousseau, on doit l'éduquer d'une main légère, de peur de contrarier sa nature (c'est tout le sens de la philosophie de *L'Émile*). Mais si on le voit comme un pervers polymorphe, dont il est nécessaire de redresser les instincts de prédation, alors, oui, l'école a besoin d'ordre – et c'est l'ordre même qu'elle doit avant tout enseigner, à travers l'apprentissage *ordonné* des savoirs.

Vincent Peillon – c'est son seul acquis réel, et Benoît Hamon, comme nous l'avons vu, s'emploie aujourd'hui à le vider de son sens – voulait redonner un coup de neuf à l'apprentissage de la laïcité. Notre rédacteur pense de même : « La préparation à la citoyenneté est un autre défi. Elle doit être instillée dès l'école maternelle, en appelant au respect de la loi et du savoir-vivre ensemble, par une éducation civique élémentaire et par la formation à la morale républicaine. » Cette morale est avant tout laïque : « La laïcité, qui est non seulement la neutralité religieuse mais aussi la neutralité politique, sera appliquée avec la plus grande fermeté. » Il fallait le dire, à une époque où les repères tracés par la loi de 2004 sur les signes religieux sont de plus en plus brouillés. Et de reprendre l'image de « l'école-sanctuaire », jadis promulguée par Jean Zay, opportunément convoqué pour promouvoir la neutralité laïque.

Cela implique donc que « pour que le futur citoyen puisse au moins appréhender les termes du débat public et y participer, la priorité doit être donnée à l'apprentissage du français, nécessaire à tout échange ». L'apprentissage de la lecture/écriture se fera donc prioritairement de façon alpha-syllabique – voir ce que nous avons prêché ici-même à travers les ouvrages du Grip. Et par la suite, « augmentation du nombre d'heures consacrées à ces matières, qui a sans cesse baissé depuis les années 1970. En 1976, un élève qui sortait du collège avait reçu 2800 heures d'enseignement du français depuis son entrée en CP. En 2004, c'était 2000 heures, soit 800 de moins, l'équivalent de deux ans et demi de cours. »

C'est reprendre l'argumentaire très étayé de Sauver les lettres, qui se bat depuis presque deux décennies pour que l'apprentissage systématique de la langue et de la littérature retrouve toute sa place dans le cursus. Pas sûr que l'utilisation par ledit parti des formules de cette organisation, que je connais un peu, plaise à ses membres... Mais qui d'autre les reprend ? Qui d'autre a entendu ce que nous disons depuis vingt ans – depuis vingt ans que l'école se délite ?

Autre pilier de la formation citoyenne, « des notions solides sur l'Histoire de France, à partir de la chronologie et de figures symboliques qui se gravent dans les mémoires, d'autre part une connaissance de la géographie du pays, reposant sur des cartes. À l'école primaire, s'ajoute encore l'apprentissage du calcul. Tout au long de la scolarité, les enseignements doivent être délivrés dans une langue limpide, d'où sont bannis les termes jargonnant et les dernières modes qui peuvent agiter légitimement les spécialistes. L'objectif n'est pas un savoir de spécialistes, mais un viatique pour vivre ensemble. Pour utiles qu'elles soient, les technologies de la communication ne sauraient remplacer le contact entre le maître et l'élève. »

C'est limiter le tout-TICE (technologies de l'information et de la communication pour l'enseignement, comme on dit dans le jargon jargonnant de l'Éducation nationale pour désigner l'informatique) auquel nous condamnent les augures de la pédagogie moderne, qui semblent de plus en plus ignorer ce qu'est l'effet-maître, cette relation tissée de mille petits riens qui fait que le savoir se transmet dans la jubilation sans verser dans la démagogie.

Dernier clou enfoncé, la condamnation des aberrations pédagogiques des dernières décennies, qui ont si fort inspiré la loi Jospin de 1989 : « L'école n'est pas *un lieu de vie* où l'enfant construirait son savoir par lui-même. Depuis 1968, les méthodes pédagogistes ont peu à peu démantelé l'École de la République, bloquant l'ascenseur social et faisant de nos enfants des cobayes livrés à toutes les expériences plus catastrophiques les unes que les autres. Au centre de l'école doit se trouver la transmission des connaissances, acquises difficilement par l'humanité au cours des siècles. Le maître sait, et n'a pas à être tutoyé par l'élève, qui lui doit respect et obéissance pour apprendre grâce à son effort évalué par la notation. Si félicitations et encouragements sont nécessaires, les sanctions sont tout aussi inévitables. »

Bref, tolérance zéro. Ce qui ne signifie pas que le maître se promène le fouet à la main. Un vrai maître, d'ailleurs, n'a pas en principe à sanctionner autre chose que les performances de ses élèves, et le faire de façon à ce que le prochain essai soit meilleur que le précédent, et pas autrement.

« Tolérance zéro » bien sûr au strict niveau disciplinaire – par exemple, alourdissement des peines frappant les agresseurs d'enseignants (le phénomène est aujourd'hui massif). « Le parent d'élève, précise par ailleurs le projet, n'est pas le client du professeur. » J'ajouterais volontiers que l'élève ne vient pas en classe pour faire son marché, comme c'est trop souvent le cas, mais pour être formé aux défis qu'il affrontera demain, et dont il n'a guère l'idée aujourd'hui. L'école est le lieu par excellence du « bonheur différé », pas de la satisfaction immédiate : ce n'est pas un jeu vidéo où l'on peut éliminer, à son gré, ce qui vous encombre ou vous ennuie. Il s'ensuit que c'est moins l'élève qui est au centre du système, comme on a tenté de nous le faire croire, que la transmission elle-même, selon la formule de George Steiner.

Je passe sur les détails de la mécanique scolaire, et les propositions les plus ciblées. Je retiendrai juste la promesse de ne pas fermer les petites structures – le maillage national est essentiel pour ne laisser personne derrière et « la proximité a d'immenses vertus ». Et la promesse (qui certes n'engage que celui qui y croit) de ne pas céder aux sirènes décentralisatrices et régionalisantes, et de maintenir une Éducation *nationale*. Quant au dégraissage du Mammouth, jadis proposé par Claude Allègre, il en est à nouveau question, mais cela ne concernera que la lourde structure des services administratifs centraux.

Que dire de ces propositions ? Ma foi, ce que dit du Collectif Racine et de son animateur, Alain Avello, un collègue sur un forum globalement « de gauche », mais peuplé tout de même d'enseignants réalistes : « Je suis d'accord avec la quasi-totalité de ses points de vue sur l'école et il porte un discours très mesuré. » Il n'y a pas grand-chose dans ces propositions que je ne puisse contresigner, ce qui ne signifie pas que j'approuve le reste des positions de ce parti, hors école. Mais le désespoir me prend parfois, après toutes ces années de combat stérile, et l'envie de me tourner vers le diable, si le diable me permet de sauver l'école.

TABLE DES MATIÈRES